BESTACTIVITYBOOKS.COM

Illustration Graphique Extra: www.freepik.com
Merci à Alekksall, Starline, Pch.vector, Rawpixel.com,
Vectorpocket, Dgim-studio, Upklyak, Macrovector,
Stockgiu, Pikisuperstar & Freepik.com Designers

5 ASTUCES POUR DÉMARRER !

1) COMMENT RÉSOUDRE LES MOTS MÊLÉS

Les puzzles sont dans un format classique :

- Les mots sont cachés sans espaces, tirets, ...
- Orientation : Les mots peuvent être écrits en avant, en arrière, vers le haut, vers le bas ou en diagonale (ils peuvent être inversés).
- Les mots peuvent se chevaucher ou se croiser.

2) UN APPRENTISSAGE ACTIF

Un espace est prévu à côté de chaque mots pour noter la traduction. Pour favoriser un apprentissage actif un **DICTIONNAIRE** à la fin de cette édition vous permettra de vérifier et étendre vos connaissances. Cherchez et notez les traductions, trouvez-les dans le Puzzle et ajoutez-les à votre vocabulaire !

3) MARQUEZ LES MOTS

Vous pouvez inventer votre propre système de marquage. Peut-être en utilisez-vous déjà un ? Sinon, vous pourriez, par exemple, marquer les mots qui ont été difficiles à trouver d'une croix, ceux que vous avez aimés d'une étoile, les mots nouveaux d'un triangle, les mots rares d'un diamant, etc...

4) STRUCTUREZ VOTRE APPRENTISSAGE

Cette édition vous offre un **CARNET DE NOTES** très pratique à la fin du livre. En vacances ou en voyage ou à la maison, vous pouvez facilement organiser vos nouvelles connaissances sans avoir besoin d'un second bloc-notes !

5) VOUS AVEZ FINI TOUTES LES GRILLES ?

Allez à la section bonus **CHALLENGE FINAL** pour trouver un jeu gratuit à la fin de cette édition !

Simple et Rapide ! Découvrez notre collection de livres d'activités pour votre prochain moment de détente et **d'apprentissage**, à juste un clic de distance !

Trouvez votre prochain défi sur :

BestActivityBooks.com/MonProchainLivre

À vos marques, prêts... Partez !

Saviez-vous qu'il existe environ 7 000 langues différentes dans le monde ? Les mots sont précieux.

Nous aimons les langues et avons travaillé dur pour créer les livres de la plus haute qualité pour vous. Nos ingrédients ?

Une sélection des thématiques d'apprentissage adaptée, trois belles parts de divertissement, puis nous ajoutons une cuillère de mots difficiles et une pincée de mots rares. Nous les servons avec soin et un maximum de plaisir pour vous permettre de résoudre les meilleurs jeux de mots mêlés qui soient et d'apprendre en vous amusant !

Votre avis est essentiel. Vous pouvez participer activement au succès de ce livre en nous laissant un commentaire. Nous aimerions vraiment savoir ce que vous avez préféré dans cette édition !

Voici un lien rapide qui vous mènera à la page d'évaluation de vos commandes :

<u>BestBooksActivity.com/Avis50</u>

Merci pour votre aide et amusez-vous bien !

De la part de toute l'équipe

1 - Été

食	法	朋	书	籍	假	期	摄	术	露	读	戏	图	瓷
物	魔	暇	友	工	放	松	远	能	露	营	拼	松	鱼
阅	花	游	拳	戏	猎	篮	法	影	海	益	魔	拼	影
技	园	凉	喜	阅	暇	足	拳	摄	猎	利	游	拳	工
能	击	鞋	悦	松	放	放	潜	纫	图	纫	益	摄	营
品	读	魔	击	影	营	游	戏	游	缝	活	暇	拼	松
乐	潜	球	织	游	狩	潜	放	艺	戏	瓷	远	影	品
松	影	乐	纫	能	跳	钓	趣	远	影	益	乐	缝	远
潜	趣	远	技	暇	陶	击	瓷	活	舞	绘	露	摄	
远	活	海	滩	乐	暇	跳	足	益	戏	拼	拼	击	星
品	园	益	工	园	狩	织	能	暇	动	活	陶	纫	星
戏	技	魔	舞	拼	影	阅	影	园	旅	行	工	趣	远
园	击	钓	游	足	露	远	潜	狩	拼	跳	家	庭	趣
音	乐	能	缝	潜	水	乐	益	足	露	活	摄	钓	舞

朋友
露营
星星
家庭
花园
游戏
喜悦
书籍

音乐
食物
海滩
潜水
放松
凉鞋
假期
旅行

2 - Adjectifs #2

魔远潜猎艺生拳松影戏摄天新活
技戏纫摄读产远击能拼才的陶松
针暇乐球营力击益意绘松戏钓动
正法园强拼拳艺园游技露棒剧性
宗骄傲大画鱼猎干健图远纫游营
缝猎图图足露技狩康营击足活
魔足鱼戏潜工狩画自然纯活图活
影跳利篮猎魔趣有趣影游荒潜
能营能著击猎缝技跳术阅野技
魔舞活陶名工跳图松图拼陶
艺趣球著击乐优远放缝法魔品
针描述性的雅图魔缝艺球狩
棒阅猎利图针魔摄钓负猎咸松
纫击舞纫能魔法拳露责潜阅技趣

正宗   有趣
著名的   自然
创意   新的
描述性的   生产力
天才   强大
戏剧性   负责
优雅   健康
骄傲   荒野

3 - Exploration

园	绘	营	新	工	未	技	远	摄	远	跳	动	勇	气
击	露	营	纫	的	知	篮	拳	趣	松	拳	拳	陶	篮
钓	画	针	松	放	陶	趣	棒	球	远	动	戏	放	活
摄	利	缝	法	摄	工	露	法	拳	潜	摄	陶	精	摄
纫	击	陶	跳	乐	潜	空	间	狩	园	魔	拼	疲	营
画	魔	发	图	戏	地	瓷	趣	活	危	松	荒	力	营
篮	狩	寻	现	鱼	击	形	文	化	害	利	野	竭	足
击	术	求	图	影	针	跳	拼	魔	险	的	技	球	放
纫	工	旅	猎	园	狩	图	陶	读	读	拳	陶	益	放
利	园	行	潜	纫	动	拼	益	读	工	缝	游	活	暇
影	棒	钓	棒	球	活	能	活	动	猎	园	魔	乐	织
图	钓	戏	魔	鱼	针	游	法	工	语	言	戏	园	织
狩	趣	能	猎	跳	图	决	心	远	瓷	园	术	营	跳
魔	能	露	陶	摄	狩	瓷	缝	足	足	动	物	远	益

活动
动物
勇气
文化
危害
发现
决心
空间
精疲力竭

未知
语言
新的
危险
寻求
荒野
地形
旅行

4 - Formes

金	猎	图	远	击	远	阅	角	落	棒	矩	形	画	远
品	字	缝	暇	击	画	露	狩	工	松	露	游	纫	艺
远	松	塔	三	角	形	瓷	放	读	篮	潜	影	潜	术
拼	暇	绘	瓷	趣	利	篮	拼	戏	术	跳	松	品	织
读	舞	针	动	多	球	拳	活	球	技	椭	鱼	狩	绘
术	摄	击	拳	摄	边	阅	边	品	篮	圆	纫	织	棱
线	动	广	场	篮	立	形	缘	读	读	形	技	狩	镜
击	拳	拳	画	影	方	趣	活	弧	魔	暇	拳	阅	露
术	松	拼	园	放	体	瓷	法	足	图	椭	远	游	织
摄	钓	双	曲	线	趣	鱼	跳	法	戏	跳	圆	瓷	乐
拳	术	戏	线	纫	篮	钓	画	针	织	乐	筒	活	工
露	露	缝	读	品	乐	舞	暇	拼	乐	图	织	击	狩
潜	松	远	拳	拼	魔	拳	鱼	锥	纫	纫	活	拳	品
戏	松	鱼	能	圈	趣	织	针	体	跳	摄	织	织	足

边缘
广场
角落
曲线
锥体
立方体
圆筒
椭圆

双曲线
椭圆形
多边形
棱镜
金字塔
矩形
三角形

5 - Salle de Bains

动	潜	松	蒸	洗	发	水	工	工	击	趣	舞	猎	活
龙	头	泡	汽	钓	拼	拼	摄	松	拳	趣	暇	陶	远
露	品	沫	瓷	钓	织	鱼	营	营	针	摄	魔	淋	浴
游	露	棒	摄	篮	术	陶	绘	益	游	棒	纫	魔	法
猎	露	工	篮	舞	足	潜	营	拼	跳	术	棒	法	拼
棒	剪	刀	毛	巾	球	摄	放	纫	魔	击	乐	缝	潜
技	营	画	篮	趣	营	品	狩	摄	阅	营	跳	拳	工
钓	鱼	魔	舞	猎	图	读	露	远	利	趣	香	法	图
工	潜	活	画	松	游	海	工	陶	艺	缝	露	水	利
影	动	暇	园	技	摄	绵	阅	击	针	肥	魔	画	潜
放	鱼	陶	游	松	读	艺	戏	工	皂	狩	动	狩
摄	艺	园	篮	纫	地	动	陶	针	针	所	缝	镜	缝
拼	钓	放	魔	纫	拳	毯	画	钓	影	洗	剂	子	益
活	纫	法	品	能	园	利	乐	松	戏	钓	潜	工	阅

泡沫　　　　龙头
剪刀　　　　肥皂
淋浴　　　　毛巾
海绵　　　　洗发水
洗剂　　　　地毯
镜子　　　　厕所
香水　　　　蒸汽

6 - Adjectifs #1

艺 足 魔 游 击 缝 吸 绝 对 园 营 摄 足 艺
营 乐 法 技 营 球 篮 引 瓷 足 跳 狩 阅 织
园 纫 技 完 美 乐 营 读 力 艺 拼 松 陶 艺
品 瓷 工 绘 术 潜 绘 松 松 魔 品 画 营 术
缝 技 露 艺 钓 园 松 乐 美 丽 动 慷 慨 拳
品 拳 图 潜 能 年 跳 暇 有 戏 法 狩 趣 拳
诚 松 狩 钓 狩 轻 乐 摄 雄 篮 拳 艺 钓 重
实 松 松 戏 球 慢 陶 法 心 绘 缝 狩 法 要
陶 跳 猎 篮 园 无 画 艺 有 帮 助 巨 大 的
篮 画 现 薄 动 棒 辜 术 动 图 舞 技 露 图
球 术 代 图 跳 阅 营 的 异 国 情 调 缝 篮
品 篮 阅 拳 瓷 击 放 放 活 工 重 术 摄 潜
园 营 露 拼 足 芳 篮 游 舞 营 利 绘 针 能 利
影 图 瓷 跳 纫 香 活 相 同 利 针 放 猎 术

绝对	诚实
有雄心	相同
芳香	重要的
艺术的	无辜的
吸引力	年轻
美丽	现代
异国情调	完美
巨大的	有帮助
慷慨	

7 - Instruments de Musique

舞	拳	技	曼	针	益	瓷	竖	铃	鱼	足	钢	琴	阅
瓷	棒	马	陀	针	班	卓	琴	鼓	锣	潜	品	趣	利
巴	鼓	术	林	吉	他	萨	游	口	琴	园	阅	棒	术
趣	松	织	乐	巴	棒	法	克	露	狩	趣	鱼	篮	戏
能	鱼	管	游	球	织	陶	读	斯	钓	拳	戏	球	织
篮	织	潜	利	能	长	笛	潜	陶	管	双	簧	管	拳
益	影	足	戏	狩	号	纫	绘	画	舞	击	露	能	击
艺	工	球	猎	暇	利	跳	摄	暇	拳	画	读	潜	图
利	法	乐	法	拼	艺	击	能	鱼	球	潜	绘	拼	法
艺	活	击	鱼	露	小	暇	缝	远	营	狩	画	画	球
狩	篮	趣	缝	大	提	琴	绘	猎	瓷	艺	露	摄	益
狩	阅	活	戏	棒	琴	活	猎	篮	喇	放	趣	益	暇
潜	打	击	乐	琴	远	图	暇	球	叭	单	簧	管	营
织	摄	品	陶	钓	摄	篮	摄	瓷	益	品	绘	猎	瓷

班卓琴	马林巴
巴松管	打击乐器
单簧管	钢琴
长笛	萨克斯管
吉他	铃鼓
口琴	长号
竖琴	喇叭
双簧管	小提琴
曼陀林	大提琴

8 - Échecs

术	足	被	动	趣	松	趣	绘	活	动	织	游	规	击
艺	画	织	动	瓷	挑	摄	跳	工	工	利	园	则	技
舞	露	织	技	阅	战	棒	图	棒	瓷	黑	色	放	舞
缝	织	瓷	益	活	魔	纫	点	牺	播	放	器	冠	纫
能	益	读	营	狩	战	活	猎	牲	对	品	瓷	趣	军
绘	趣	趣	女	绘	法	略	针	读	角	跳	读	戏	工
缝	狩	能	王	利	狩	图	绘	活	线	白	品	跳	乐
园	影	针	猎	织	击	陶	技	远	阅	摄	色	鱼	绘
陶	绘	钓	拳	趣	图	纫	松	魔	拼	营	露	术	拼
潜	远	技	王	品	拳	针	篮	远	露	陶	工	击	松
陶	球	击	益	舞	工	戏	园	技	比	针	影	足	织
猎	能	纫	篮	猎	足	摄	游	戏	赛	园	时	聪	瓷
对	暇	暇	绘	乐	缝	乐	放	暇	工	技	间	明	拼
手	篮	阅	术	绘	鱼	术	球	摄	足	品	术	钓	技

对手
白色
冠军
挑战
对角线
聪明
游戏
播放器

黑色
被动
女王
规则
牺牲
战略
时间
比赛

9 - Herboristerie

鱼露棒缝能术瓷迷跳术绿色拼足
能乐暇戏击戏芳选拼足球陶画足
拳击跳松茴百里香跳猎影动瓷工
马郁兰味香能篮乐艺大园露放松
游缝图道园缝狩法拼蒜藏读摄篮
狩瓷远图阅拳技拼陶篮红纫鱼乐
钓罗勒阅烹薰衣草松绘花拼技潜
乐影艺纫饪松拼成乐品纫鱼法趣
活瓷放活法鱼篮跳分狩趣能织
法露薄荷陶营影击潜有球香影戏
松击龙法球动远趣术益能猎菜质
艺钓蒿魔织阅鱼戏读的乐魔游量
拳园远钓乐绘陶舞游法放利技潜
露活足花园球术能魔纫针园园绘

大蒜	马郁兰
芳香	薄荷
罗勒	香菜
有益的	质量
烹饪	迷迭香
龙蒿	藏红花
茴香	味道
成分	百里香
花园	绿色
薰衣草	

10 - Véhicules

远	织	露	狩	针	潜	缝	绘	魔	露	猎	动	钓	潜
棒	园	纫	瓷	营	马	达	绘	法	纫	地	足	趣	拳
戏	魔	击	拳	球	远	陶	影	火	箭	铁	工	绘	技
钓	钓	游	远	动	营	大	篷	车	足	球	摄	工	纫
影	放	拖	跳	潜	暇	技	园	救	露	法	工	猎	利
品	暇	拉	卡	纫	摄	摄	读	护	总	园	利	陶	益
直	升	机	车	营	陶	自	行	车	线	摄	飞	技	放
法	针	针	出	租	车	益	营	纫	织	球	舞	机	滑
松	篮	技	鱼	园	陶	动	图	技	技	瓷	渡	技	板
舞	织	松	跳	戏	阅	读	品	图	陶	猎	拼	轮	车
陶	松	摄	营	图	远	潜	摄	船	图	摄	影	胎	技
趣	棒	露	瓷	活	猎	艇	猎	游	放	读	球	远	潜
图	鱼	缝	陶	读	读	魔	拼	法	品	品	法	汽	车
筏	暇	击	潜	魔	钓	利	鱼	影	趣	瓷	戏	钓	影

救护车	马达
飞机	轮胎
总线	滑板车
卡车	潜艇
大篷车	出租车
渡轮	拖拉机
火箭	火车
直升机	自行车
地铁	汽车

11 - Camping

工	冒	猎	影	拼	摄	鱼	帐	帽	戏	球	园	趣	跳
猎	险	针	阅	独	棒	法	篷	子	击	动	物	放	拼
营	钓	缝	拳	木	术	能	戏	针	露	陶	棒	乐	趣
图	瓷	舱	钓	舟	狩	舞	图	森	林	罗	盘	松	远
法	暇	猎	法	击	术	鱼	技	益	戏	趣	湖	放	术
术	篮	足	益	读	纫	园	缝	鱼	技	益	狩	活	绘
阅	远	暇	魔	大	园	戏	击	足	绘	灯	山	猎	昆
地	读	利	益	自	球	潜	动	吊	床	笼	乐	绳	虫
图	影	纫	钓	然	棒	松	纫	跳	棒	篮	织	子	术
织	法	戏	拼	拳	魔	益	技	篮	足	球	击	狩	松
法	远	跳	拳	活	技	技	游	月	品	乐	火	动	跳
工	松	棒	工	设	备	影	摄	能	亮	利	魔	纫	鱼
营	针	球	织	技	瓷	游	阅	技	能	瓷	钓	暇	潜
篮	篮	乐	动	跳	狩	趣	趣	松	狩	趣	游	缝	放

动物
冒险
罗盘
独木舟
地图
帽子
狩猎
绳子

设备
森林
吊床
昆虫
灯笼
月亮
大自然
帐篷

12 - Conservation

周	期	乐	拼	缝	球	阅	技	魔	放	影	有	球	游
戏	志	愿	者	暇	击	拼	气	游	能	缝	跳	机	足
品	远	陶	足	魔	棒	读	候	回	工	艺	钓	阅	读
缝	营	针	趣	影	球	露	活	动	收	猎	拼	活	舞
拳	品	松	污	染	鱼	露	技	鱼	暇	品	艺	戏	摄
益	猎	技	陶	变	猎	摄	猎	舞	法	魔	益	魔	动
趣	篮	读	跳	化	远	缝	拼	营	工	画	阅	击	水
棒	瓷	猎	针	鱼	影	球	品	营	绿	减	少	跳	魔
钓	篮	趣	纫	戏	健	纫	图	益	色	放	鱼	钓	自
猎	球	法	农	药	康	园	能	教	育	足	魔	魔	然
戏	环	生	态	系	统	技	瓷	工	暇	织	潜	放	游
球	魔	境	足	击	织	利	魔	鱼	拼	潜	狩	游	针
工	击	阅	的	趣	阅	暇	篮	拳	放	画	法	绘	球
图	工	纫	艺	远	戏	营	利	法	钓	球	鱼	篮	暇

志愿者
变化
气候
周期
环境的
生态系统
教育
生境

自然
有机
农药
污染
回收
减少
健康
绿色

13 - Écologie

暇	纫	画	海	舞	足	绘	陶	活	露	品	多	猎	摄
志	愿	者	洋	工	画	织	术	游	潜	动	阅	样	陶
画	球	摄	潜	品	瓷	图	活	跳	露	足	动	陶	性
利	趣	活	活	生	境	钓	阅	潜	篮	戏	工	棒	潜
棒	魔	摄	钓	拳	营	瓷	球	益	篮	棒	击	舞	跳
针	利	活	能	工	动	画	动	露	品	技	术	鱼	松
远	阅	干	品	游	缝	阅	物	自	然	潜	游	摄	瓷
缝	植	旱	社	鱼	潜	鱼	群	工	拼	织	气	资	放
沼	泽	物	区	植	被	物	种	大	露	缝	候	露	源
鱼	摄	篮	针	活	能	利	能	自	远	放	狩	阅	戏
松	跳	鱼	生	存	趣	陶	鱼	然	舞	球	术	戏	舞
影	工	缝	针	狩	阅	营	技	针	读	营	瓷	钓	技
缝	术	摄	益	鱼	足	益	绘	图	织	篮	利	纫	拼
缝	画	工	猎	园	阅	能	术	露	击	织	乐	拼	绘

志愿者	沼泽
气候	海洋
社区	大自然
多样性	自然
物种	资源
动物群	干旱
植物	生存
生境	植被

14 - Astronomie

超 魔 放 绘 缝 益 猎 活 拳 趣 暇 趣 织 工
新 品 春 狩 园 拼 击 绘 画 太 篮 松 猎 缝
星 系 分 绘 利 游 跳 跳 戏 潜 阳 术 暇 能
卫 座 纫 拳 图 趣 摄 读 艺 暇 的 月 亮
流 星 影 艺 能 舞 动 益 拳 拳 钓 游 钓 阅
读 足 放 钓 动 瓷 纫 放 狩 蚀 魔 缝 击 游
足 利 影 动 猎 纫 利 针 画 缝 趣 图 舞 鱼
天 松 小 鱼 远 放 摄 游 艺 营 摄 拳 利 绘
文 乐 行 远 读 技 天 空 瓷 足 棒 篮 拼 活
台 远 星 球 宇 能 文 火 织 纫 鱼 地 品 画
瓷 绘 云 技 航 能 学 箭 露 辐 射 球 行 魔
宇 宙 露 放 员 舞 家 阅 工 戏 纫 拼 星 乐
技 跳 营 读 读 图 戏 纫 游 摄 放 球 利 球
工 针 棒 球 动 能 术 读 松 戏 钓 缝 足 艺

小行星	星云
宇航员	天文台
天文学家	行星
天空	辐射
星座	卫星
春分	太阳的
火箭	超新星
星系	地球
月亮	宇宙
流星	

15 - Types de Cheveux

闪 短 品 技 法 法 棒 图 技 击 影 露 健 康
击 亮 跳 摄 暇 鱼 暇 影 技 露 技 利 棒 读
工 猎 的 图 乐 利 图 钓 活 松 远 动 园 瓷
远 技 读 辩 远 松 读 术 钓 游 画 艺 足 织
活 白 织 子 营 棒 摄 棒 戏 陶 猎 艺 舞 露
黑 色 厚 利 戏 狩 金 露 跳 术 画 品 光 编
艺 卷 曲 品 陶 卷 发 阅 露 图 活 滑 织
魔 术 纫 法 戏 拳 拼 拳 银 棒 读 艺 活
活 篮 图 法 棕 游 放 足 暇 跳 营 阅 摄
品 园 能 灰 色 阅 击 软 品 法 舞 戏 长 摄
法 远 拼 松 织 影 乐 陶 的 园 艺 益 品 艺
钓 陶 绘 针 秃 阅 钓 魔 园 纫 瓷 品 工 乐
技 露 击 阅 跳 篮 读 利 猎 足 能 魔 术 能
薄 干 术 陶 松 画 艺 活 品 影 影 利 读 技

白色　　　　　　　光滑
金发　　　　　　　棕色
卷发　　　　　　　黑色
闪亮的　　　　　　健康
柔软的　　　　　　辫子
卷曲　　　　　　　编织
灰色

图	刀	松	篮	舞	拼	艺	鱼	品	阅	魔	狩	织	魔
图	营	读	保	留	酱	击	辣	利	暇	利	出	纳	员
术	法	图	游	球	缝	击	动	画	拳	织	瓷	活	术
魔	舞	暇	足	活	猎	陶	影	暇	法	球	拼	工	钓
甜	拼	乐	术	击	能	戏	乐	品	营	趣	戏	棒	跳
舞	点	摄	松	面	包	动	鸡	鱼	盘	咖	啡	女	针
趣	跳	术	鱼	影	碗	利	瓷	园	游	子	动	服	品
狩	菜	单	鱼	拼	放	足	拳	营	魔	游	读	务	钓
远	艺	技	露	工	跳	术	活	读	暇	趣	钓	员	暇
露	纫	猎	游	肉	绘	放	击	狩	工	棒	戏	露	钓
针	能	趣	图	餐	法	潜	读	利	能	读	利	绘	戏
球	益	鱼	园	巾	图	阅	动	品	阅	厨	房	绘	画
纫	拳	法	放	术	跳	食	鱼	法	活	棒	读	过	活
足	动	击	趣	暇	营	跳	物	营	击	阅	游	敏	技

过敏	菜单
盘子	食物
咖啡	面包
出纳员	保留
厨房	女服务员
甜点	餐巾

17 - Mammifères

熊 园 篮 技 乐 狗 纫 织 狩 篮 鱼 篮 狼 瓷
阅 篮 趣 缝 球 潜 舞 织 益 乐 鱼 绘 纫 足
远 织 猎 营 露 大 象 鱼 品 钓 利 工 拼 远
暇 郊 狼 远 松 猩 活 乐 艺 画 工 露 钓 松
棒 钓 读 动 舞 猩 瓷 趣 露 狩 活 游 织 潜
潜 马 公 牛 术 跳 拼 篮 暇 狐 法 法 瓷 摄
兔 子 魔 棒 袋 图 益 长 潜 瓷 狸 鲸 潜 拼
园 瓷 阅 魔 技 鼠 园 颈 钓 斑 拳 瓷 松 陶
园 远 舞 能 松 活 羊 鹿 松 马 拳 棒 舞 绘
阅 钓 松 趣 舞 工 魔 拼 趣 篮 狩 远 老 击
狩 戏 海 豚 暇 动 术 益 击 狩 松 针 虎 纫
游 园 猫 动 球 益 猴 钓 艺 狮 瓷 织 放 猎
织 读 跳 瓷 陶 针 针 子 瓷 子 艺 篮 潜 钓
暇 暇 法 读 陶 针 钓 跳 拳 缝 击 猎 球 瓷

郊狼   狮子
海豚   狐狸
大象   猴子
长颈鹿   公牛
大猩猩   老虎
袋鼠   斑马
兔子

18 - Sports

绘	陶	高	利	舞	动	戏	游	绘	暇	篮	拳	魔	戏
跳	能	尔	术	跳	工	图	击	图	猎	球	乐	暇	拼
体	操	夫	松	瓷	舞	鱼	术	鱼	松	魔	阅	游	游
曲	棍	球	网	球	棒	球	篮	活	远	击	戏	动	工
工	击	陶	跳	拳	针	狩	画	暇	鱼	拼	工	松	球
影	读	益	球	营	动	图	鱼	跳	活	摄	篮	摄	篮
品	纫	读	图	拼	鱼	魔	魔	播	摄	摄	品	放	术
园	放	魔	技	画	暇	足	远	放	游	棒	体	露	舞
潜	针	棒	松	营	摄	动	能	器	益	猎	育	育	图
游	戏	法	潜	教	练	冠	运	动	员	运	馆	针	场
法	利	陶	裁	判	艺	军	优	胜	者	能	动	读	园
团	品	猎	暇	图	跳	活	益	鱼	自	影	棒	球	拼
织	队	拼	纫	影	放	魔	活	艺	行	球	益	球	营
潜	能	工	击	篮	鱼	工	露	园	车	球	技	营	猎

裁判	体育馆
运动员	体操
棒球	曲棍球
篮球	游戏
冠军	播放器
教练	运动
团队	体育场
优胜者	网球
高尔夫球	自行车

19 - Chocolat

足	足	缝	针	戏	工	画	魔	利	渴	针	能	击	瓷
鱼	松	放	品	摄	远	摄	鱼	松	望	工	狩	技	卡
抗	氧	化	剂	潜	绘	球	图	球	放	暇	潜	园	路
艺	潜	魔	工	游	跳	放	利	利	品	陶	工	戏	里
魔	露	鱼	趣	拳	活	图	潜	画	舞	益	乐	园	摄
拼	技	魔	图	狩	焦	击	缝	陶	松	钓	露	甜	园
艺	技	能	狩	击	游	糖	图	阅	可	动	术	蜜	针
游	纫	暇	戏	园	摄	缝	陶	花	可	异	食	的	魔
击	影	成	陶	摄	球	织	读	生	艺	国	谱	暇	利
戏	活	摄	分	质	量	乐	术	术	艺	情	糖	舞	钓
艺	篮	香	影	绘	纫	猎	钓	椰	美	调	果	棒	棒
味	道	拼	气	最	喜	欢	的	子	味	织	魔	潜	艺
绘	足	绘	放	鱼	织	暇	苦	绘	绘	舞	影	摄	益
拼	品	影	益	艺	猎	绘	拳	画	足	露	戏	舞	拼

抗氧化剂　　　　　渴望
香气　　　　　　　异国情调
糖果　　　　　　　最喜欢的
花生　　　　　　　味道
可可　　　　　　　成分
卡路里　　　　　　椰子
焦糖　　　　　　　质量
美味　　　　　　　食谱
甜蜜的

20 - Mathématiques

读	棒	潜	球	乐	艺	趣	法	几	钓	纫	跳	艺	活
纫	品	阅	法	击	法	画	拼	何	营	露	魔	潜	术
狩	潜	潜	营	缝	营	图	摄	学	钓	棒	舞	篮
法	活	活	活	棒	工	能	技	跳	纫	利	游	露	鱼
利	益	三	拼	直	技	织	篮	平	松	松	拼	法	艺
活	瓷	角	度	织	径	益	方	程	行	棒	拳	技	远
动	潜	形	绘	趣	营	艺	猎	工	多	动	品	品	画
缝	放	技	游	对	称	品	鱼	猎	边	周	十	利	游
品	平	放	远	织	能	棒	活	猎	形	长	进	利	园
术	行	矩	形	算	术	画	拳	动	和	垂	制	鱼	能
松	四	影	图	陶	纫	放	摄	暇	击	直	足	游	戏
跳	边	广	半	径	鱼	乐	绘	益	露	术	钓	钓	品
舞	形	场	游	猎	读	影	术	戏	潜	能	分	指	读
画	利	猎	趣	阅	远	织	益	艺	技	卷	魔	数	暇

角度	几何学
算术	平行
广场	平行四边形
周长	垂直
十进制	多边形
直径	半径
指数	矩形
方程	对称
分数	三角形

21 - Mythologie

动	放	法	能	钓	露	拼	影	艺	嫉	生	物	纫	营
棒	鱼	乐	舞	品	足	园	魔	战	妒	松	工	动	魔
织	活	阅	工	创	拼	能	利	士	力	量	暇	暇	跳
远	迷	宫	鱼	灾	造	原	利	动	能	击	织	拳	魔
瓷	乐	露	钓	难	拼	型	拳	戏	动	瓷	趣	球	放
工	活	鱼	英	营	能	魔	球	活	松	放	园	闪	电
画	阅	篮	狩	雄	纫	艺	凡	人	暇	远	露	纫	影
球	术	益	缝	露	复	跳	猎	技	园	传	能	摄	针
跳	鱼	品	拳	活	仇	织	画	拳	怪	放	说	雷	狩
远	织	魔	神	放	画	织	信	术	物	影	远	术	篮
法	陶	狩	奇	趣	营	织	仰	阅	影	拳	文	针	针
潜	游	读	工	趣	舞	暇	能	影	拳	术	化	绘	绘
行	为	拳	游	不	戏	乐	球	术	术	图	阅	魔	拼
艺	缝	园	拳	朽	潜	能	拳	远	缝	篮	术	暇	鱼	动

原型	英雄
灾难	不朽
行为	嫉妒
创造	迷宫
生物	传说
信仰	神奇
文化	怪物
闪电	凡人
力量	复仇
战士	

纫	乐	游	远	猎	艺	针	缝	技	能	读	纫	图	瓷
瓷	活	艺	技	活	能	摄	松	叉	棒	缝	舞	艺	松
纫	图	画	缝	乐	椅	乐	勺	子	击	织	游	摄	陶
读	舞	动	益	跳	乐	子	钓	乐	魔	绘	拼	露	摄
潜	蔬	菜	游	影	动	动	放	暇	工	鱼	狩	水	果
乐	陶	游	服	露	瓷	面	条	品	读	趣	能	利	营
陶	缝	纫	品	务	汤	摄	游	绘	画	乐	钓	艺	盐
趣	潜	纫	足	动	员	篮	益	魔	瓷	击	织	能	利
远	篮	画	工	织	缝	球	纫	乐	法	棒	暇	缝	术
针	织	篮	绘	乐	工	织	针	游	鱼	水	放	艺	纫
钓	远	戏	鱼	蛋	糕	瓷	影	篮	猎	能	拼	晚	午
图	利	瓷	技	沙	拉	远	远	活	织	球	术	钓	餐
营	击	冰	露	品	利	能	阅	美	拳	棒	趣	远	饮
猎	远	潜	图	暇	足	利	游	味	绘	利	活	香	料

饮料	叉子
椅子	水果
勺子	蛋糕
午餐	蔬菜
美味	面条
晚餐	沙拉
香料	服务员

23 - Couleurs

织棒舞击图猎击球园针拳营法绘
露益白黄读棕粉摄纫击松活潜暇
园活灰色图褐红阅阅游织球乐放
跳狩棒工黑色色品趣跳法跳松动
动活击天图棒足影魔能猎针棒阅
拼图图蓝色游舞动击露针松狩拼
绘影利色艺松钓技钓织游潜阅活
纫球术猎松足放暇跳织织拳篮远
橙色艺米色纫击画钓影品动足放
青棕色跳紫红色狩营品影红拼鱼
猎色图潜鱼色猎工瓷拼拼益乐跳
足艺篮跳紫能球图利暇阅松陶潜
针品图动色阅跳工技拳营缝绿色
击图篮动阅园棒纫潜能潜影鱼品

天蓝色	棕色
米色	黑色
白色	橙色
蓝色	粉红色
青色	红色
紫红色	棕褐色
灰色	绿色
黄色	紫色
品红	

24 - Avions

益 乐 瓷 魔 益 动 品 瓷 乐 足 足 狩 降 跳
球 棒 鱼 利 利 陶 针 趣 松 术 湍 流 落 暇
缝 足 猎 冒 松 露 利 导 术 术 足 棒 技 影
缝 暇 高 度 险 阅 球 航 历 术 针 下 降 降
术 猎 缝 狩 大 图 艺 船 动 动 品 趣 趣
纫 趣 松 影 阅 气 球 员 乐 猎 露 钓 暇
暇 活 园 陶 戏 乘 层 方 向 针 球 阅 品 摄
舞 螺 旋 桨 球 客 燃 织 阅 氢 飞 行 员 利
趣 鱼 天 膨 放 露 料 狩 图 钓 阅 营 品 能
跳 松 空 乐 胀 游 织 利 乐 棒 园 足 猎 露
读 绘 气 瓷 针 织 露 影 放 戏 棒 戏 益 猎
趣 潜 能 缝 引 擎 鱼 园 鱼 篮 针 游 工 陶
球 瓷 纫 游 摄 利 营 游 跳 活 暇 游 鱼 松
趣 织 利 绘 戏 暇 舞 棒 纫 利 缝 陶 露 动

空气
大气层
降落
冒险
气球
燃料
天空
下降
方向
船员

膨胀
高度
螺旋桨
历史
引擎
导航
乘客
飞行员
湍流

25 - Aventure

活动美露工法击鱼纫拼戏纫远足
狩猎目的地能拼热针工棒游针工
棒足术益纫园潜情益艺绘活绘读
跳针拳法画影舞乐乐狩缝活游暇
机会瓷旅行异动利魔篮拼猎绘新
营跳图阅程拼常游猎法读纫技的
拼拼舞暇影远趣朋友鱼勇魔鱼潜
营利绘纫术猎放露营术敢足乐猎
松技能拳篮钓瓷乐潜危险跳摄纫
球绘挑纫准品戏利棒戏陶工游品
大自然战备能利潜松拼读拳园动
技读松暇导航阅远游艺足陶钓拳
安全潜击能拳棒困缝足陶织足喜戏
乐绘图瓷魔鱼远拳难鱼鱼戏悦缝

活动	异常
朋友	行程
勇敢	喜悦
机会	大自然
危险	导航
目的地	新的
挑战	准备
困难	安全
热情	旅行
远足	

26 - Ville

猎	动	活	舞	读	露	陶	狩	博	瓷	利	乐	图	园
露	潜	棒	暇	图	益	鱼	阅	动	物	园	影	书	活
活	戏	艺	技	益	能	缝	织	大	学	馆	动	馆	益
乐	摄	法	营	趣	摄	营	影	校	读	织	益	阅	营
瓷	营	击	松	放	陶	舞	针	露	击	猎	活	阅	露
画	廊	电	影	球	影	钓	画	露	狩	跳	拼	织	织
纫	技	瓷	狩	趣	趣	超	级	市	场	棒	法	摄	钓
露	放	织	陶	露	猎	纫	机	场	潜	摄	影	艺	露
篮	法	艺	活	技	艺	餐	厅	技	露	术	益	影	魔
拳	球	击	银	能	酒	药	猎	陶	能	体	益	舞	暇
潜	艺	艺	行	面	包	店	工	魔	游	画	育	阅	陶
能	远	松	书	店	棒	画	舞	趣	技	读	场	魔	法
足	乐	花	艺	拳	艺	剧	工	利	击	跳	舞	绘	戏
乐	针	店	诊	所	绘	活	院	能	图	趣	绘	暇	拼

机场
银行
图书馆
面包店
电影
诊所
学校
花店
画廊
酒店

书店
市场
博物馆
药店
餐厅
体育场
超级市场
剧院
大学
动物园

27 - Cuisine

影	阅	画	纫	暇	陶	读	拼	露	足	猎	球	法	技
棒	瓷	品	法	刀	远	针	钓	术	乐	舞	摄	舞	阅
影	游	露	碗	拼	篮	食	香	棒	暇	远	纫	画	舞
球	戏	品	陶	潜	杯	物	料	潜	图	钓	食	谱	瓷
击	趣	篮	摄	烧	子	球	围	裙	动	纫	术	读	营
狩	舞	游	冰	烤	猎	工	猎	活	拼	针	活	露	魔
陶	绘	击	乐	箱	动	游	工	棒	趣	魔	狩	陶	放
击	足	针	松	球	陶	影	影	读	跳	潜	乐	球	露
壶	阅	击	远	钓	舞	营	织	画	猎	乐	戏	潜	筷
法	读	技	益	术	能	跳	乐	品	露	绘	球	勺	子
罐	海	绘	篮	益	棒	足	足	水	壶	潜	活	工	钓
餐	巾	绵	益	球	远	游	品	活	游	利	拳	纫	暇
篮	画	术	松	园	远	艺	针	游	棒	拼	利	益	图
戏	乐	画	舞	露	趣	游	术	叉	园	园	球	陶	摄

筷子
水壶
勺子
香料
海绵
烤箱
烧烤

食物
食谱
冰箱
餐巾
围裙
杯子

28 - Corps Humain

狩	露	松	松	纫	织	阅	棒	暇	远	营	绘	头	远
摄	影	鱼	针	利	放	纫	术	动	击	摄	趣	拼	绘
营	法	下	心	钓	游	摄	暇	摄	松	营	松	法	织
远	血	巴	嘴	读	益	手	工	活	品	陶	针	鱼	钓
织	潜	游	唇	绘	读	图	指	脖	子	远	踝	营	跳
工	工	肩	膀	篮	趣	狩	鱼	营	暇	露	读	纫	法
织	篮	篮	益	营	针	球	颚	肘	击	利	绘	钓	戏
能	脑	营	鱼	脸	活	动	松	球	部	针	潜	摄	利
皮	远	利	陶	露	术	拳	拼	露	阅	益	图	潜	营
远	肤	工	趣	鱼	益	陶	松	画	棒	乐	耳	朵	纫
园	活	露	织	游	技	狩	绘	棒	魔	摄	动	潜	手
猎	动	动	读	暇	法	术	艺	营	品	图	球	瓷	拼
活	棒	纫	能	针	胃	松	戏	放	能	膝	鼻	棒	舞
缝	术	露	艺	瓷	画	读	陶	拼	能	盖	子	猎	营

脖子　　　　　嘴唇
肘部　　　　　下巴
手指　　　　　鼻子
肩膀　　　　　耳朵
膝盖　　　　　皮肤

29 - Épices

跳咖戏足跳读乐纫利球大活陶暇
舞喱绘魔技暇钓技舞甘品蒜潜猎
潜活营术绘游画利草椒粉技
棒画趣影针钓趣露活能纫艺狩
露技营暇术陶露篮狩品酸趣
放游工远摄织香跳肉豆蔻的趣
园击术舞技肉菜桂绘击绘品术
阅技阅舞露活跳品狩放鱼戏画
棒松暇拼游潜足营孜然味道击
术针能球园狩钓陶戏拳篮绘香
篮鱼动拼戏足摄足舞放益戏猎草
露戏游品豆蔻洋葱击藏茴乐读
放足乐盐图鱼胡芦巴红香露摄艺
猎动潜姜乐击椒钓画花利钓园跳

酸的   肉豆蔻
大蒜   洋葱
肉桂   辣椒粉
豆蔻   胡椒
香菜   甘草
孜然   藏红花
咖喱   味道
茴香   香草
胡芦巴

30 - Science

园	跳	分	子	棒	鱼	术	足	篮	园	鱼	影	原	粒
法	技	影	缝	重	足	棒	击	活	舞	法	棒	篮	子
鱼	露	假	篮	力	织	益	陶	跳	艺	术	阅	能	趣
纫	术	园	设	猎	钓	生	进	瓷	狩	品	益	益	松
化	戏	阅	缝	影	矿	物	化	拳	足	暇	鱼	潜	图
学	猎	篮	技	园	利	篮	能	瓷	陶	读	技	击	击
的	气	候	潜	暇	摄	画	松	瓷	艺	阅	暇	技	戏
趣	放	趣	钓	纫	物	科	学	家	狩	针	术	术	拳
利	拳	织	陶	纫	大	品	理	法	营	足	阅	篮	远
放	缝	化	瓷	狩	自	缝	工	技	潜	棒	瓷	瓷	法
拼	拼	石	游	狩	然	术	游	足	狩	陶	活	摄	绘
事	瓷	暇	击	篮	乐	趣	艺	狩	远	潜	术	观	
实	狩	术	动	拼	远	实	动	击	魔	技	数	据	察
拳	利	艺	球	艺	实	验	室	方	法	跳	营	足	画

原子
化学的
气候
数据
实验
进化
事实
化石
重力
假设

实验室
方法
矿物
分子
大自然
观察
生物
粒子
物理
科学家

31 - Chats

魔	缝	狩	好	奇	活	术	能	绘	艺	害	棒	猎	活
跳	品	缝	针	松	舞	术	疯	狂	的	羞	读	品	放
画	艺	戏	棒	棒	营	针	织	足	戏	露	针	绘
动	瓷	趣	绘	戏	读	棒	法	瓷	球	暇	艺	球	营
远	利	动	技	技	法	拳	趣	陶	瓷	潜	松	陶	图
法	艺	阅	艺	阅	鱼	利	拼	画	园	针	益	术	动
动	猎	爪	猎	放	艺	猎	人	猎	工	拳	舞	织	舞
篮	影	猎	动	法	画	魔	乐	跳	潜	拳	舞	尾	足
益	爪	子	拼	趣	趣	技	读	猎	猎	趣	球	影	巴
图	读	钓	乐	阅	画	个	性	摄	拳	鱼	篮	纱	松
乐	荒	动	趣	动	读	拳	睡	觉	缝	毛	拼	动	营
有	野	跳	露	远	暇	放	织	瓷	织	营	皮	好	纫
戏	趣	图	松	远	纫	足	棒	篮	乐	利	活	玩	击
独	立	利	趣	动	影	活	鼠	缝	活	针	摄	的	潜

猎人　　　　　　独立
好奇　　　　　　爪子
睡觉　　　　　　个性
有趣　　　　　　尾巴
好玩的　　　　　荒野
疯狂的　　　　　害羞
毛皮

32 - Vêtements

足	陶	利	球	球	动	松	球	短	工	棒	针	读	动
跳	钓	读	松	跳	舞	暇	阅	裙	陶	艺	戏	趣	营
拳	击	术	魔	拼	放	活	时	乐	纫	利	带	术	远
项	链	珠	品	牛	动	缝	尚	棒	乐	绘	狩	棒	鱼
暇	猎	宝	鞋	仔	毛	睡	舞	织	瓷	拳	活	帽	绘
游	拳	工	游	裤	连	衣	裙	能	陶	纫	动	乐	子
钓	图	阅	利	猎	纫	术	益	活	品	阅	纫	针	摄
球	放	夹	技	针	画	拼	露	绘	缝	潜	营	绘	织
放	营	克	园	拳	击	术	凉	活	园	图	围	品	能
瓷	摄	远	动	瓷	缝	园	鞋	放	纫	足	巾	舞	魔
动	乐	钓	狩	画	图	棒	手	读	远	技	远	瓷	狩
图	舞	放	拳	益	游	外	套	手	镯	衬	钓	摄	潜
足	潜	远	活	针	活	图	围	园	读	瓷	衫	裤	子
绘	绘	戏	远	读	暇	益	裙	乐	缝	针	魔	游	鱼

珠宝
手镯
帽子
衬衫
项链
围巾
手套
牛仔裤
短裙

外套
时尚
裤子
毛衣
睡衣
连衣裙
凉鞋
围裙
夹克

33 - Arts Visuels

游 球 艺 拼 品 利 法 松 拳 棒 建 筑 暇 艺
照 片 术 织 拳 远 影 笔 击 技 蜡 球 球 陶
球 技 家 鱼 趣 能 图 篮 读 球 动 纫 品 瓷
杰 阅 乐 园 营 棒 工 球 趣 营 棒 跳 篮 动
粘 作 法 法 陶 术 趣 艺 趣 动 暇 益 拼 活
土 园 读 影 露 动 术 图 潜 足 鱼 陶 器 阅
戏 雕 塑 球 拳 松 潜 针 能 拳 营 读 看 法
纫 绘 画 架 艺 肖 像 电 猎 乐 动 狩 趣 法
陶 钓 跳 趣 露 画 利 园 影 摄 动 活 魔 拳
模 拼 戏 木 炭 技 缝 击 阅 狩 趣 摄 趣 织
影 具 戏 暇 画 舞 益 活 暇 动 织 游 动 法
趣 能 狩 狩 图 能 纫 拳 绘 狩 趣 创 造 力
艺 能 画 技 营 拼 游 术 魔 粉 笔 画 阅 露
松 营 能 陶 品 动 魔 织 织 利 游 园 艺 瓷

建筑　　　　　　　　　　电影
粘土　　　　　　　　　　绘画
艺术家　　　　　　　　　看法
木炭　　　　　　　　　　照片
杰作　　　　　　　　　　模具
画架　　　　　　　　　　肖像
粉笔　　　　　　　　　　陶器
铅笔　　　　　　　　　　雕塑
创造力

34 - Méditation

缝	露	鱼	影	击	潜	织	乐	拳	影	摄	品	魔	乐
缝	露	舞	活	针	狩	读	织	阅	纫	露	营	观	察
和	活	法	阅	潜	钓	潜	远	陶	工	活	足	针
平	摄	瓷	法	读	阅	鱼	跳	利	读	理	摄	鱼
影	静	幸	福	猎	魔	狩	运	趣	园	远	益	画	球
击	拳	同	篮	拳	猎	影	技	动	善	良	益	暇	拳
露	术	情	绘	能	游	舞	读	活	画	术	拼	戏	篮
织	猎	绪	接	受	能	织	击	益	纫	法	画	松	绘
乐	品	影	松	远	趣	足	钓	趣	跳	读	技	拼
感	激	明	透	视	陶	音	针	摄	远	术	图	鱼	图
沉	默	活	晰	针	画	乐	绘	工	术	活	图	利	织
瓷	呼	吸	姿	势	大	自	然	活	舞	瓷	影	拳	图
球	魔	图	露	戏	游	拼	活	纫	术	潜	钓	舞	图
陶	园	拳	醒	艺	习	惯	艺	舞	缝	魔	暇	击	绘

接受
幸福
平静
明晰
同情
情绪
善良
感激
习惯
心理

运动
音乐
大自然
观察
和平
透视
姿势
呼吸
沉默

35 - Littérature

园	轶	事	园	拼	放	织	意	见	钓	击	园	缝	放
技	摄	缝	益	法	类	比	乐	鱼	阅	放	乐	绘	针
放	节	舞	绘	狩	放	较	针	击	拼	拳	活	画	隐
趣	拼	奏	游	游	摄	瓷	游	活	绘	活	跳	猎	喻
品	球	法	击	缝	狩	工	放	描	能	纫	术	绘	诗
针	跳	瓷	暇	魔	远	工	纫	述	作	者	纫	动	工
放	游	足	拼	影	对	话	悲	剧	织	影	潜	益	绘
技	猎	针	钓	暇	跳	戏	技	鱼	读	分	析	能	缝
阅	纫	猎	活	结	缝	旁	魔	舞	棒	猎	画	艺	缝
小	说	松	阅	益	论	阅	白	法	游	钓	纫	益	韵
活	诗	意	乐	缝	主	题	趣	游	动	艺	技	潜	画
戏	戏	击	画	法	游	摄	图	瓷	松	绘	艺	鱼	鱼
拼	针	松	放	摄	戏	潜	传	风	格	魔	露	足	图
跳	影	足	法	织	露	露	记	利	活	能	纫	暇	工

36 - Nourriture #1

猎	果	织	拳	活	画	魔	摄	拼	艺	戏	针	纫	肉
露	汁	图	暇	技	汤	梨	糖	艺	罗	勒	牛	奶	桂
工	暇	远	术	篮	画	纫	工	沙	缝	拳	艺	戏	能
能	魔	术	能	阅	暇	狩	钓	拉	纫	艺	活	园	法
游	鱼	舞	园	舞	益	活	露	放	棒	绘	芜	乐	织
棒	艺	棒	缝	画	益	狩	园	针	拳	篮	舞	菁	击
潜	针	球	远	足	园	画	利	园	绘	球	织	读	读
大	麦	盐	戏	咖	啡	缝	陶	影	园	钓	鱼	影	舞
草	莓	足	动	摄	摄	拳	舞	技	园	游	瓷	鱼	针
绘	工	益	绘	鱼	菠	菜	营	营	摄	摄	击	园	技
阅	陶	法	足	远	影	洋	葱	大	潜	读	猎	鱼	画
园	放	阅	影	跳	织	鱼	乐	狩	蒜	暇	戏	读	柠
趣	拼	金	枪	鱼	营	营	艺	品	活	胡	萝	卜	檬
乐	猎	阅	放	术	能	拼	织	击	拼	工	魔	露	园

大蒜
罗勒
咖啡
肉桂
胡萝卜
柠檬
菠菜
草莓

果汁
牛奶
芜菁
洋葱
大麦
沙拉
金枪鱼

37 - Jours et Mois

松	四	星	期	三	绘	戏	乐	针	星	期	一	猎	纫
三	月	期	期	织	七	舞	舞	钓	期	法	月	阅	读
远	棒	二	舞	日	月	艺	拼	针	五	画	绘	工	钓
缝	放	月	拳	织	戏	松	瓷	暇	利	游	篮	能	织
舞	十	一	月	棒	利	织	益	画	露	阅	鱼	放	读
营	绘	针	潜	技	读	动	舞	益	露	技	图	针	远
跳	益	瓷	读	八	月	瓷	益	纫	暇	益	活	鱼	鱼
潜	工	潜	营	法	绘	潜	钓	猎	放	远	工	趣	图
鱼	日	十	月	星	期	四	阅	益	利	狩	跳	击	工
鱼	星	历	六	月	工	拳	潜	工	远	球	摄	瓷	针
读	画	期	放	棒	钓	足	法	游	阅	舞	篮	针	瓷
周	潜	营	六	益	跳	陶	露	活	乐	露	戏	九	能
棒	能	瓷	绘	益	趣	园	纫	乐	棒	猎	陶	月	篮
足	暇	营	棒	陶	暇	放	舞	缝	动	拳	球	图	艺

八月 星期一
四月 星期二
日历 三月
星期日 星期三
二月 十一月
一月 十月
星期四 星期六
七月 九月
六月 星期五

38 - Pirates

织	利	露	海	队	暇	远	法	宝	阅	技	益	纫	绘
营	利	冒	洋	长	危	活	营	藏	艺	品	乐	狩	瓷
露	松	险	钓	陶	险	旗	阅	球	露	术	瓷	营	园
疤	纫	足	乐	乐	拼	艺	摄	岛	船	阅	绘	露	拼
摄	痕	暇	趣	远	露	针	趣	员	画	拳	舞	技
游	图	坏	品	击	缝	利	织	能	阅	狩	魔	读	读
缝	猎	猎	活	画	利	营	猎	品	洞	放	益	狩
术	足	利	织	暇	足	摄	法	足	篮	穴	暇	跳	纫
戏	陶	跳	拳	钓	潜	球	影	游	园	露	趣	锚	潜
动	利	放	剑	棒	魔	益	法	利	绘	瓷	海	益	鱼
术	艺	艺	跳	益	针	棒	纫	松	硬	影	滩	阅	术
益	拳	放	法	放	影	鹦	露	足	币	朗	姆	酒	技
魔	园	跳	松	织	传	鹉	黄	益	营	趣	猎	放	击
松	阅	狩	技	松	说	利	能	金	能	品	技	地	图

冒险
队长
地图
疤痕
危险员
船洞穴
洞穴
传说

海洋
黄金
鹦鹉
硬币
海滩
朗姆酒
宝藏

39 - Activités

动	益	陶	乐	技	绘	陶	远	技	狩	远	戏	棒	营
拼	跳	狩	趣	利	活	瓷	足	织	钓	猎	利	益	篮
远	阅	活	远	图	放	篮	缝	画	鱼	读	动	放	活
拼	钓	松	球	拼	跳	画	击	法	钓	露	营	远	舞
园	游	活	品	读	活	艺	舞	纫	击	画	能	远	拼
艺	露	击	瓷	戏	动	法	棒	利	益	益	针	放	技
露	营	棒	击	纫	织	击	鱼	狩	绘	乐	魔	画	绘
园	摄	纫	能	游	舞	露	远	法	益	球	绘	工	放
法	益	纫	术	技	绘	益	球	游	放	魔	钓	活	暇
摄	影	击	工	法	法	利	绘	潜	松	法	拳	陶	绘
品	钓	利	缝	利	摄	园	织	露	鱼	足	舞	读	篮
读	松	图	纫	动	瓷	影	猎	园	园	画	能	游	松
阅	读	影	针	足	猎	棒	猎	艺	艺	术	跳	戏	摄
松	工	艺	品	技	能	摄	足	暇	鱼	图	舞	影	工

活动	园艺
艺术	游戏
工艺品	阅读
露营	魔法
陶瓷	钓鱼
狩猎	摄影
技能	乐趣
缝纫	远足
跳舞	放松
利益	

40 - Fleurs

击	瓷	动	读	栀	放	狩	园	放	松	鱼	图	游	三
绘	拳	技	技	子	活	跳	艺	工	拼	陶	钓	缝	叶
击	图	水	仙	花	戏	鱼	拳	玫	瑰	读	篮	远	草
活	罂	球	舞	百	松	技	球	影	松	鱼	露	鱼	放
益	粟	潜	松	合	茉	莉	花	郁	金	香	向	能	鱼
薰	潜	松	鱼	玉	法	品	技	棒	术	钓	松	日	营
陶	衣	营	缝	兰	露	花	园	狩	游	趣	读	露	葵
潜	陶	草	摄	猎	术	瓣	影	技	雏	暇	足	击	球
益	潜	击	击	图	纫	技	营	远	菊	球	影	艺	法
图	跳	鱼	舞	兰	花	针	营	读	工	花	束	牡	丹
工	舞	活	拼	趣	工	园	舞	露	狩	术	缝	艺	趣
营	技	营	影	画	益	蒲	摄	利	西	艺	狩	篮	营
图	图	狩	芙	影	露	戏	公	鱼	番	缝	园	缝	拳
戏	动	拼	蓉	法	能	游	法	英	莲	读	狩	猎	动

花束
栀子花
芙蓉
茉莉花
水仙花
薰衣草
百合
玉兰
雏菊
兰花

西番莲
罂粟
花瓣
蒲公英
牡丹
玫瑰
向日葵
三叶草
郁金香

41 - Nourriture #2

拳 拳 术 击 松 魔 活 放 跳 技 击 露 露 活
技 活 远 狩 鱼 影 趣 魔 蛋 球 小 摄 钓 猎
缝 营 园 影 读 足 利 缝 摄 猎 麦 猎 影 舞
杏 钓 芹 蘑 露 鱼 益 法 技 放 钓 图 能 读
猎 仁 菜 阅 菇 动 棒 潜 益 动 游 放 猎 读
篮 针 画 陶 乐 乐 游 利 针 影 阅 艺 面 包
活 绘 利 营 猎 松 暇 艺 瓷 钓 画 舞 火 活
园 法 纫 艺 足 瓷 米 术 纫 暇 工 缝 腿 能
益 跳 瓷 击 游 猎 芒 鸡 番 茄 子 瓷 拼 画
葡 萄 西 兰 花 苹 果 活 足 画 足 趣 樱 魔
鱼 香 游 鱼 乐 图 术 足 画 园 猴 桃 巧
瓷 针 蕉 游 陶 魔 能 远 法 利 影 舞 击 克
画 狩 跳 技 技 针 法 针 园 品 钓 缝 阅 力
摄 影 画 能 益 篮 魔 足 术 活 魔 潜 戏 影

杏仁   巧克力
茄子   火腿
香蕉   猕猴桃
小麦   芒果
西兰花   面包
樱桃   苹果
芹菜   葡萄
蘑菇   番茄

42 - Océan

戏	陶	艺	钓	钓	松	暇	游	放	牡	益	活	缝	螃
金	枪	鱼	暇	技	拳	园	钓	钓	潜	蛎	绘	棒	蟹
趣	鱼	缝	园	针	益	图	园	钓	陶	织	戏	狩	击
图	绘	技	拼	松	棒	海	蜇	礁	海	豚	乐	棒	棒
读	章	珊	乐	潜	纫	跳	营	放	绵	藻	艺	活	术
鲨	鱼	鱼	瑚	园	乐	园	技	风	暴	松	缝	陶	跳
动	拼	拳	阅	益	魔	工	利	暇	画	织	瓷	球	潜
松	营	拼	针	乐	魔	钓	织	篮	织	益	虾	工	趣
露	鱼	潜	棒	击	缝	针	术	钓	松	篮	画	戏	露
拼	游	乌	龟	画	法	放	远	远	船	术	钓	品	园
品	画	拳	鲸	画	读	暇	戏	戏	术	陶	品	波	暇
图	魔	园	织	工	绘	戏	放	鳗	棒	远	织	浪	画
跳	足	篮	拼	纫	远	跳	活	鱼	技	画	缝	舞	暇
戏	暇	戏	趣	戏	益	拳	盐	暇	松	棒	动	益	能

海藻   海蜇

鳗鱼   章鱼

珊瑚   鲨鱼

螃蟹   风暴

海豚   金枪鱼

海绵   乌龟

牡蛎   波浪

43 - Remplir

狩	拳	跳	棒	陶	纫	手	戏	影	信	露	拼	潜	纫
口	工	魔	拳	针	营	提	阅	益	放	封	松	陶	绘
戏	袋	远	抽	屉	纸	箱	动	艺	露	魔	拼	拼	潜
摄	包	工	读	阅	针	足	营	击	游	戏	纫	影	术
缝	潜	阅	浴	缸	艺	暇	影	图	图	远	棒	游	利
球	画	露	拼	钓	瓷	狩	潜	活	罐	钓	活	缝	钓
潜	读	乐	织	暇	暇	戏	篮	益	法	动	针	花	球
动	露	潜	园	鱼	钓	针	戏	绘	松	动	戏	瓶	盒
露	品	益	乐	术	画	潜	球	暇	棒	露	篮	子	
舞	管	能	猎	潜	暇	暇	动	活	舞	园	陶	远	潜
图	潜	托	盘	文	件	夹	桶	松	远	拳	益	拳	影
品	益	远	能	戏	绘	拳	露	法	活	法	品	拳	陶
猎	技	针	缝	盆	营	读	活	陶	放	陶	瓷	乐	品
摄	钓	摄	拳	地	营	篮	益	露	益	营	艺	舞	篮

浴缸
盆地
盒子
瓶子
纸箱
文件夹
信封

篮子
托盘
口袋
抽屉
手提箱
花瓶

44 - Ballet

足	暇	图	读	作	棒	艺	画	富	瓷	手	画	狩	乐
狩	影	趣	足	球	曲	技	球	有	能	瓷	势	远	艺
拼	活	绘	肌	肉	实	家	猎	表	观	众	能	戏	园
编	掌	声	管	风	践	纫	摄	现	织	拳	鱼	品	魔
舞	能	绘	弦	格	园	鱼	篮	力	活	钓	园	魔	强
拳	绘	音	乐	篮	乐	纫	艺	棒	阅	舞	针	跳	度
技	拼	跳	队	魔	戏	游	纫	放	松	艺	益	狩	暇
技	露	戏	影	摄	跳	远	篮	足	魔	摄	技	篮	拼
暇	拼	图	松	读	缝	击	图	跳	足	缝	拳	趣	舞
织	法	足	法	跳	针	缝	松	术	游	舞	者	瓷	动
工	游	织	品	摄	拼	狩	影	远	陶	陶	猎	阅	画
魔	艺	技	艺	术	篮	纫	乐	法	工	针	技	能	技
艺	营	术	乐	织	棒	阅	缝	利	趣	图	节	拼	阅
舞	活	放	的	工	摄	露	术	狩	针	独	奏	击	技

掌声	肌肉
艺术的	音乐
编舞	管弦乐队
技能	实践
作曲家	观众
舞者	节奏
富有表现力	独奏
手势	风格
强度	技术

45 - Fruit

葡	萄	工	樱	术	能	活	拼	利	芒	果	益	足	织
戏	图	缝	桃	远	露	乐	舞	鱼	暇	活	读	瓜	摄
摄	钓	营	棒	无	放	趣	活	摄	球	钓	棒	潜	舞
游	针	菠	趣	花	幼	猎	游	营	鱼	品	艺	技	能
摄	露	动	萝	果	趣	狩	油	针	击	远	技	法	乐
松	瓷	篮	放	利	松	绘	桃	营	缝	缝	工	松	品
橙	画	益	瓷	读	趣	足	益	陶	钓	动	艺	摄	潜
香	色	拳	绘	松	番	石	榴	覆	篮	趣	狩	放	幼
术	蕉	苹	果	图	织	魔	梨	盆	浆	果	柠	檬	趣
暇	乐	营	露	营	针	戏	猕	子	能	陶	拳	足	钓
图	暇	瓷	绘	绘	陶	松	猴	品	益	幼	活	园	术
艺	松	活	足	图	读	杏	桃	乐	鳄	梨	舞	潜	能
幼	活	跳	击	图	园	工	术	摄	益	图	击	木	瓜
术	趣	游	远	影	阅	足	钓	拼	影	松	跳	球	图

菠萝	番石榴
鳄梨	猕猴桃
浆果	芒果
香蕉	油桃
樱桃	橙色
柠檬	木瓜
无花果	苹果
覆盆子	葡萄

46 - Surf

绘	放	陶	游	能	魔	松	织	鱼	泡	技	流	暇	摄
趣	棒	舞	舞	松	游	潜	法	钓	沫	游	行	魔	品
艺	鱼	拼	跳	营	跳	人	摄	读	织	园	的	能	潜
利	球	利	远	球	海	群	能	胃	猎	利	陶	乐	狩
针	图	狩	风	球	滩	篮	品	远	极	端	拳	戏	钓
球	瓷	摄	能	格	画	猎	露	钓	松	工	天	远	露
舞	纫	术	能	波	趣	影	狩	棒	瓷	营	气	法	术
舞	魔	阅	游	力	量	礁	拼	画	海	洋	艺	狩	画
松	乐	趣	暇	纫	技	暇	远	针	远	跳	远	暇	露
利	织	绘	露	营	魔	阅	画	猎	工	能	画	读	乐
初	露	图	缝	画	舞	潜	击	暇	针	远	营	动	艺
戏	学	球	速	画	篮	放	运	技	远	纫	动	艺	钓
摄	露	者	度	针	缝	品	动	针	纫	动	瓷	桨	术
戏	松	法	影	工	魔	陶	球	员	动	冠	军	钓	击

乐趣	天气
运动员	泡沫
冠军	海洋
初学者	海滩
极端	流行的
力量	风格
人群	速度

47 - Technologie

数	缝	瓷	艺	缝	舞	鱼	工	益	陶	游	营	活	利
字	统	计	数	据	软	件	球	字	潜	陶	利	趣	能
节	露	数	据	松	纫	虚	棒	体	球	织	活	电	影
潜	园	狩	浏	艺	园	拳	拟	信	息	狩	棒	脑	活
活	狩	安	览	猎	艺	技	拳	织	利	能	品	松	益
屏	幕	全	器	潜	松	画	针	照	相	机	露	乐	游
击	钓	鱼	园	跳	乐	艺	工	读	瓷	放	露	露	动
击	陶	动	游	互	阅	舞	技	足	暇	露	园	鱼	跳
潜	研	法	缝	阅	联	游	园	篮	缝	松	露	跳
法	图	究	文	纫	读	网	戏	瓷	读	猎	病	动
图	法	品	件	足	益	针	影	瓷	工	读	拳	毒	益
品	摄	拳	利	织	读	拳	放	跳	活	营	跳	魔
活	影	跳	拳	博	客	品	魔	纫	击	能	鱼	法	篮
棒	趣	园	动	画	露	鱼	陶	法	光	标	钓	缝	棒

博客　　　　　　　数字
照相机　　　　　　字节
光标　　　　　　　电脑
数据　　　　　　　字体
屏幕　　　　　　　研究
文件　　　　　　　安全
互联网　　　　　　统计数据
软件　　　　　　　虚拟
信息　　　　　　　病毒
浏览器

48 - Comédie

能	拳	摄	击	画	模	幽	默	棒	摄	阅	摄	球	远
活	利	术	绘	营	仿	暇	舞	演	员	观	益	法	瓷
工	戏	放	电	跳	活	织	营	技	众	狩	活	趣	动
陶	园	跳	钓	视	艺	远	幼	舞	富	松	棒	读	露
露	舞	术	戏	园	拼	影	趣	戏	有	工	小	远	趣
技	缝	画	利	魔	拼	放	绘	远	表	击	丑	明	类
绘	狩	技	远	棒	影	园	远	钓	现	趣	聪	摄	型
阅	工	缝	摄	缝	读	品	放	足	力	读	拳	远	法
猎	足	松	掌	利	阅	陶	工	瓷	读	陶	术	松	球
即	织	远	声	读	动	潜	缝	暇	活	工	拼	瓷	幼
阅	兴	篮	摄	缝	击	钓	狩	击	技	益	潜	游	舞
影	有	创	鱼	笑	声	剧	瓷	法	潜	露	篮	魔	术
乐	趣	游	作	技	话	院	活	园	放	品	瓷	能	游
图	潜	影	潜	品	绘	远	放	女	演	员	能	暇	狩

演员   幽默

女演员   即兴创作

乐趣   聪明

掌声   模仿

笑话   观众

小丑   笑声

有趣   电视

富有表现力   剧院

类型

49 - Météo

足	鱼	陶	营	放	潜	技	影	乐	钓	缝	法	术	钓
棒	放	技	绘	画	足	技	棒	术	猎	篮	暇	工	飓
彩	虹	暇	龙	微	风	乐	摄	跳	法	大	气	季	风
潜	极	技	卷	钓	园	击	舞	狩	天	园	气	猎	摄
洪	地	松	风	陶	戏	跳	棒	趣	暇	空	候	阅	猎
水	动	工	暴	织	绘	织	狩	阅	工	鱼	术	远	击
干	旱	动	露	游	温	法	露	活	画	松	影	品	游
击	热	带	鱼	瓷	度	缝	陶	放	影	暇	潜	篮	舞
品	猎	魔	游	放	拳	游	瓷	针	露	魔	影	读	露
动	干	拼	技	趣	球	篮	松	能	术	活	园	足	画
影	猎	燥	趣	猎	足	露	技	术	术	活	缝	鱼	乐
魔	雾	法	营	纫	球	乐	狩	放	风	营	营	雷	松
技	营	活	益	远	法	活	拳	利	猎	趣	图	声	针
营	冰	阅	画	棒	跳	云	艺	趣	露	猎	戏	利	鱼

彩虹　　　　　　　　极地
大气　　　　　　　　干燥
微风　　　　　　　　干旱
天空　　　　　　　　温度
气候　　　　　　　　风暴
洪水　　　　　　　　雷声
季风　　　　　　　　龙卷风
飓风　　　　　　　　热带

50 - Châteaux

画	足	露	公	陶	益	织	工	球	游	趣	营	钓	纫
益	技	击	拼	主	露	营	营	王	子	狩	潜	画	动
利	戏	纫	品	绘	击	拼	乐	朝	国	狩	缝	益	术
阅	棒	宫	陶	松	舞	猎	活	品	帝	国	工	针	舞
棒	剑	狩	趣	护	篮	击	棒	拼	球	画	松	活	拼
艺	趣	击	狩	城	戏	击	益	能	活	潜	击	游	松
拳	戏	术	击	河	击	利	棒	击	营	纫	棒	露	跳
阅	放	阅	棒	能	陶	图	舞	拳	瓷	鱼	活	读	器
阅	摄	墙	龙	跳	棒	猎	猎	艺	活	摄	弹	射	游
纫	篮	摄	高	狩	工	阅	营	读	艺	盾	暇	鱼	塔
拼	艺	冠	贵	工	艺	棒	画	画	活	品	乐	盔	棒
击	封	建	马	鱼	舞	品	狩	棒	露	利	魔	甲	陶
图	艺	棒	拳	鱼	独	角	兽	阅	画	魔	术	猎	益
法	织	篮	动	益	营	读	魔	纫	摄	骑	士	活	

盔甲
弹射器
骑士
王朝
帝国
封建

护城河
独角兽
高贵
王子
公主
王国

51 - Randonnée

绘	拼	棒	舞	舞	园	气	棒	魔	影	动	远	跳	益
大	利	乐	品	术	远	候	魔	摄	露	物	棒	鱼	戏
自	法	利	潜	针	猎	方	向	陶	魔	足	击	拳	图
然	放	陶	荒	跳	画	营	益	击	放	猎	艺	累	鱼
准	备	影	野	缝	织	动	狩	公	摄	陶	棒	松	利
园	狩	狩	纫	钓	能	魔	益	园	瓷	潜	舞	织	阅
指	棒	陶	图	松	益	艺	营	工	能	艺	游	缝	舞
击	南	足	悬	崖	阅	游	营	品	山	戏	靴	子	
益	阅	技	松	能	摄	织	戏	品	动	工	营	摄	
天	拳	图	纫	趣	放	图	游	钓	陶	活	活	棒	
艺	气	重	读	跳	阅	艺	戏	针	猎	能	活	画	
绘	太	影	纫	画	地	园	益	针	猎	利	活		
瓷	阳	露	营	影	园	图	鱼	拼	峰	工	潜	暇	
放	松	能	阅	园	摄	瓷	石	头	会	织	水	绘	

动物 大自然
靴子 方向
露营地 公园
气候图 石头
悬崖 准备
指南 荒野
天气 太阳
  峰会

52 - Meubles

画	衣	缝	远	乐	影	狩	动	松	摄	击	床	趣	跳
钓	活	橱	拼	镜	梳	妆	台	游	法	趣	垫	暇	拳
放	鱼	鱼	图	乐	子	营	松	拼	狩	益	活	拼	艺
阅	游	陶	潜	缝	园	放	益	工	潜	缝	趣	拼	品
露	钓	缝	戏	法	松	图	摄	远	绘	乐	靠	活	绘
影	狩	猎	品	击	击	动	法	放	画	戏	垫	放	远
放	魔	影	鱼	织	露	拳	球	阅	益	摄	艺	织	球
织	工	拳	绘	足	松	松	工	灯	营	读	技	技	拼
乐	趣	书	地	园	拼	暇	绘	舞	动	品	击	营	陶
摄	营	柜	毯	乐	棒	篮	纫	活	暇	营	画	猎	缝
动	篮	击	绘	影	针	术	益	乐	狩	园	游	利	松
陶	影	游	术	戏	艺	货	架	棒	织	松	阅	窗	艺
鱼	工	篮	纫	枕	头	吊	床	远	影	长	营	鱼	帘
魔	趣	画	画	趣	利	读	瓷	扶	手	椅	子	乐	针

衣橱	扶手椅
书柜	吊床
长椅	床垫
椅子	镜子
梳妆台	枕头
靠垫	窗帘
货架	地毯

53 - Art

品 露 狩 游 主 篮 活 益 园 棒 足 趣 足 击
个 人 的 数 题 露 乐 动 营 狩 拼 雕 塑 艺
组 成 棒 针 字 球 图 潜 园 心 跳 能 鱼 摄
暇 术 织 松 诗 简 瓷 瓷 远 利 情 视 艺 击
阅 动 放 拳 歌 单 狩 纫 针 放 针 觉 益 画
品 工 营 舞 读 工 拼 表 游 乐 的 画 益 露
园 术 松 术 跳 篮 法 阅 达 拼 钓 图 画 能
图 击 园 跳 能 益 利 技 活 园 放 猎 画 猎
击 趣 艺 魔 品 艺 击 益 营 影 篮 鱼 技 球
阅 球 拳 益 趣 陶 狩 动 艺 狩 启 发 陶 缝
超 现 实 主 义 瓷 狩 品 钓 戏 绘 活 织 象
原 乐 绘 绘 露 魔 阅 戏 术 鱼 球 阅 征
版 鱼 摄 影 暇 瓷 法 远 放 跳 足 纫 戏
露 读 纫 潜 放 诚 实 艺 魔 摄 复 杂 针 乐

陶瓷
复杂
组成
表达
数字
诚实
心情
启发
原版

个人的
诗歌
雕塑
简单
主题
超现实主义
象征
视觉的

绘	潜	毒	松	园	绘	纫	缝	织	钓	远	技	猎	舞
针	针	织	素	苦	酱	能	摄	营	足	篮	松	放	鱼
潜	能	放	趣	影	营	远	动	瓷	益	跳	舞	健	跳
纫	乐	动	画	跳	放	营	戏	跳	魔	绘	魔	康	活
摄	动	益	艺	园	缝	鱼	魔	远	阅	营	工	术	艺
潜	纫	重	量	戏	松	游	鱼	游	露	拳	露	缝	味
放	活	图	击	纫	发	足	跳	艺	摄	暇	园	摄	道
平	衡	的	拳	酵	利	维	拳	蛋	白	质	拼	暇
球	拳	液	益	园	摄	营	生	织	棒	饮	量	读	戏
鱼	碳	放	体	绘	营	猎	素	狩	画	食	用	养	分
松	水	绘	绘	魔	香	狩	术	潜	戏	欲	拼	图	钓
消	化	卡	路	里	料	远	拼	术	戏	影	绘	动	陶
足	合	益	益	乐	暇	球	影	球	棒	能	拳	鱼	跳
摄	物	法	乐	利	瓷	击	绘	陶	针	动	篮	狩	鱼

食欲	液体
卡路里	养分
食用	重量
饮食	蛋白质
消化	质量
香料	健康
平衡的	味道
发酵	毒素
碳水化合物	维生素

55 - Science Fiction

魔	潜	反	营	绘	舞	虚	戏	远	机	器	人	原	松
钓	术	阅	乌	球	场	构	摄	读	能	球	书	子	画
钓	潜	营	读	托	景	的	利	术	狩	陶	籍	艺	钓
益	乐	戏	游	织	邦	画	拳	影	技	织	击	鱼
益	球	能	钓	远	技	猎	钓	摄	潜	画	针	术	阅
戏	瓷	瓷	阅	织	露	露	棒	神	秘	艺	拳	摄	鱼
足	趣	瓷	拼	极	陶	陶	行	星	鱼	读	趣	幼	绘
电	乐	动	鱼	端	火	松	活	系	技	乐	读	技	影
术	影	趣	魔	营	工	活	篮	舞	法	松	球	乐	陶
暇	读	瓷	球	球	织	跳	工	营	织	画	甲	织	拼
技	舞	游	露	露	魔	舞	松	乐	错	织	骨	乌	潜
影	术	影	击	陶	远	法	克	瓷	觉	爆	文	托	露
乐	活	篮	未	来	派	世	隆	放	露	炸	棒	邦	球
读	鱼	趣	暇	幼	品	界	拳	摄	针	缝	趣	品	织

原子	书籍
电影	世界
克隆	神秘
反乌托邦	甲骨文
爆炸	行星
极端	机器人
未来派	场景
星系	技术
错觉	乌托邦
虚构的	

56 - Professions #1

消	狩	音	放	科	潜	珠	制	图	师	律	师	能	教
防	鱼	露	乐	学	陶	宝	水	动	狩	阅	绘	放	练
队	地	质	学	家	银	商	管	心	棒	兽	益	拼	术
员	天	文	学	家	缝	行	工	理	篮	医	画	针	法
拳	图	动	绘	动	钢	琴	家	学	篮	生	编	辑	狩
园	陶	松	利	戏	品	舞	蹈	家	护	瓷	鱼	针	影
拳	阅	读	利	影	远	图	球	阅	士	术	拳	钓	乐
园	营	球	阅	利	露	拳	园	舞	工	读	读	游	篮
工	织	阅	园	利	益	跳	击	术	阅	瓷	足	足	足
乐	远	露	利	陶	猎	人	织	大	针	足	狩	针	阅
舞	暇	戏	读	画	活	图	足	利	使	画	益	潜	画
绘	缝	针	远	跳	跳	摄	营	图	影	拼	棒	营	园
乐	缝	暇	松	陶	游	影	跳	篮	棒	钓	戏	阅	益
潜	拳	松	舞	足	暇	术	戏	动	瓷	艺	跳	术	乐

大使	地质学家
天文学家	护士
律师	医生
银行家	音乐家
珠宝商	钢琴家
制图师	水管工
猎人	消防队员
舞蹈家	心理学家
教练	科学家
编辑	兽医

57 - Géologie

活	侵	艺	大	钟	间	歇	泉	熔	读	钓	动	球	织
暇	狩	蚀	陆	乳	潜	露	跳	岩	高	原	营	击	远
陶	动	露	球	石	暇	拼	动	技	读	技	棒	鱼	能
画	绘	击	陶	区	化	趣	拼	图	水	晶	乐	利	放
品	魔	艺	酸	舞	石	能	影	画	足	针	织	球	钓
狩	松	猎	松	影	笋	英	钙	洞	穴	潜	远	潜	矿
猎	工	趣	石	头	乐	篮	技	动	拳	法	猎	戏	物
阅	图	游	术	利	足	针	跳	盐	舞	品	暇	针	缝
拳	足	品	舞	阅	棒	营	阅	园	利	狩	动	能	法
戏	活	摄	影	纫	层	露	跳	珊	舞	法	瓷	球	击
火	山	利	艺	缝	瓷	技	球	瑚	图	术	拼	画	拼
技	鱼	趣	远	画	猎	戏	球	技	绘	技	品	品	乐
绘	拼	猎	影	读	技	营	戏	读	织	球	球	跳	摄
针	足	潜	能	读	足	松	狩	品	读	影	纫	钓	跳

洞穴
大陆
珊瑚
水晶
侵蚀
化石
间歇泉
熔岩

矿物
石头
高原
石英
钟乳石
石笋
火山

58 - Cirque

游	行	针	票	猎	针	动	画	远	影	戏	狮	篮	术
营	活	技	壮	糖	果	棒	魔	活	魔	猴	子	击	瓷
狩	针	活	观	益	潜	针	狩	舞	杂	潜	营	猎	利
游	瓷	远	摄	众	拼	拳	艺	趣	耍	放	技	绘	针
暇	钓	瓷	拼	棒	魔	术	师	猎	大	象	棒	装	棒
动	瓷	摄	营	益	击	织	摄	舞	气	瓷	服	装	影
钓	物	法	音	针	纫	球	暇	戏	技	球	露	足	远
狩	绘	棒	乐	绘	篮	放	远	阅	远	图	拼	魔	法
品	魔	游	艺	图	暇	画	针	乐	舞	远	篮	露	益
舞	品	摄	针	远	绘	画	放	露	品	棒	动	读	游
暇	缝	篮	绘	动	球	趣	猎	舞	工	工	画	缝	术
帐	篷	放	远	画	魔	法	乐	工	园	瓷	法	小	丑
读	钓	远	拳	击	利	诡	织	瓷	游	拼	放	园	拳
技	戏	松	老	虎	棒	计	工	缝	杂	技	演	员	技

杂技演员   魔术师
动物   魔法
诡计   音乐
气球   游行
糖果   猴子
小丑   壮观
服装   观众
大象   帐篷
杂耍   老虎
狮子

59 - Jardin

足	魔	狩	蹦	吊	钓	车	暇	能	树	纫	工	品	狩
池	塘	铲	岩	床	趣	库	鱼	戏	足	花	松	活	钓
游	游	舞	远	石	耙	露	能	绘	活	摄	鱼	绘	杂
摄	瓷	戏	拳	松	阅	利	舞	陶	拼	工	阅	暇	草
图	放	活	技	读	击	画	缝	品	拼	织	暇	钓	坪
松	戏	趣	纫	钓	土	棒	摄	法	露	陶	图	织
摄	拳	绘	球	绘	壤	艺	画	阅	趣	果	园	能	读
戏	乐	拼	放	益	针	纫	织	法	园	软	瓷	画
花	戏	针	钓	工	钓	艺	阅	篮	园	瓷	狩	乐
园	栅	鱼	鱼	瓷	远	球	法	瓷	鱼	管	拳	游
球	栏	法	陶	摄	游	舞	拼	技	纫	营	潜	乐
瓷	球	益	暇	暇	摄	球	影	动	鱼	廊	魔	潜	远
织	绘	活	纫	瓷	放	舞	暇	拳	钓	露	露	灌	瓷
趣	平	台	球	戏	阅	纫	游	影	潜	利	暇	木	动

灌木		门廊	
栅栏		岩石	
池塘		土壤	
车库		平台	
吊床		蹦床	
花园		软管	
杂草		果园	
草坪			

60 - Barbecues

术	洋	酱	水	果	露	棒	摄	法	织	品	舞	动	击
乐	乐	葱	营	园	针	刀	舞	影	陶	陶	画	影	工
缝	针	动	动	猎	动	潜	织	益	球	游	戏	蔬	品
足	品	拼	足	露	狩	击	潜	舞	艺	趣	绘	菜	针
鸡	暇	能	品	工	影	拼	音	午	画	舞	法	放	鱼
针	绘	暇	陶	家	工	舞	乐	餐	画	沙	拉	法	读
针	阅	饥	饿	庭	工	缝	能	绘	读	盐	瓷	画	叉
猎	击	艺	球	摄	绘	法	术	能	能	松	远	击	技
益	烧	烤	益	球	暇	棒	棒	能	活	摄	瓷	纫	潜
松	读	猎	游	胡	露	拳	针	趣	艺	松	陶	法	击
拳	绘	夏	天	椒	游	足	阅	放	番	猎	暇	棒	阅
狩	拳	营	技	钓	阅	猎	晚	猎	茄	露	陶	摄	松
纫	织	摄	纫	技	术	远	图	餐	拼	远	狩	法	篮
远	画	趣	棒	狩	利	热	暇	棒	活	活	远	潜	瓷

午餐
晚餐
夏天
饥饿
家庭
水果
烧烤

餐
天
饿
果
烤

游戏
蔬菜
音乐
洋葱
胡椒
沙拉
番茄

61 - Anniversaire

拼	动	阅	利	击	潜	邀	球	能	园	园	趣	鱼	跳
庆	击	礼	物	舞	摄	请	绘	棒	缝	魔	画	篮	暇
戏	祝	放	蜡	钓	利	函	朋	针	织	画	趣	歌	戏
画	松	术	烛	趣	球	松	友	读	阅	法	舞	阅	曲
瓷	绘	戏	趣	远	活	画	阅	动	绘	瓷	读	放	法
益	趣	读	摄	针	狩	放	拼	狩	图	利	陶	画	拼
松	品	营	潜	足	舞	狩	读	快	针	摄	陶	出	益
棒	术	影	放	针	露	工	瓷	乐	暇	工	潜	生	工
营	能	击	针	时	跳	影	钓	鱼	趣	针	棒	篮	能
织	瓷	特	狩	间	法	品	图	跳	艺	魔	动	暇	术
露	乐	别	钓	狩	拳	针	跳	趣	品	拳	篮	日	魔
钓	篮	绘	能	足	能	潜	活	品	拳	放	游	历	足
拼	摄	拳	缝	拳	能	乐	露	足	瓷	猎	绘	狩	术
戏	活	图	游	图	年	轻	智	慧	蛋	糕	魔	跳	术

朋友
乐趣
蜡烛
礼物
日历
歌曲
庆祝
蛋糕

快乐
邀请函
年轻
出生
智慧
特别
时间

62 - Animaux de Compagnie

乌 龟 织 小 钓 术 仓 绘 工 山 篮 艺 球 法
击 暇 园 乐 狗 远 鼠 鹦 鹉 羊 拳 技 技 潜
图 球 摄 足 针 缝 活 工 食 物 绘 活 营 趣
艺 拼 趣 乐 绘 兔 子 兽 趣 工 法 游 摄 游
狩 舞 游 拳 读 鱼 拼 医 图 画 动 法 摄 放
园 拼 工 松 陶 绘 活 狩 工 能 棒 纫 纫 拼
水 活 缝 园 阅 园 读 陶 趣 舞 工 品 技 游
针 术 针 动 瓷 画 尾 巴 球 远 击 利 术 露
皮 牛 击 鱼 猫 舞 艺 法 远 织 工 营 拼 球
游 带 远 爪 钓 能 趣 拼 活 狩 影 鱼 游 画
魔 拼 纫 缝 子 鱼 球 远 动 狩 益 趣 远 暇
术 魔 图 小 猫 纫 阅 阅 跳 蜥 蜴 松 拳 跳
阅 术 阅 游 拼 法 利 鼠 游 缝 阅 图 衣 阅
织 阅 法 舞 钓 放 趣 法 技 拼 球 足 领 松

小猫
山羊
小狗
衣领
仓鼠
皮带
兔子

蜥蜴
食物
爪子
鹦鹉
尾巴
乌龟
兽医

63 - Forêt Tropicale

恢	复	气	候	戏	足	艺	利	阅	画	暇	魔	趣	益
游	技	营	图	园	松	园	法	图	潜	多	篮	狩	陶
鱼	鱼	潜	术	跳	跳	纫	放	品	工	样	击	棒	利
瓷	球	植	暇	益	拳	暇	阅	鱼	趣	性	苔	篮	暇
游	足	物	技	针	哺	画	猎	尊	动	技	藓	篮	游
棒	品	种	阅	两	乳	阅	戏	重	园	技	图	陶	阅
陶	缝	球	趣	栖	动	利	露	大	鱼	露	针	趣	技
影	园	魔	影	动	物	能	狩	狩	自	品	松	陶	艺
云	击	工	钓	物	放	缝	读	趣	跳	然	术	社	绘
绘	钓	猎	织	益	品	避	动	法	艺	潜	猎	游	区
益	戏	有	能	舞	丛	难	陶	针	鸟	篮	昆	虫	织
法	园	价	影	拳	林	所	技	缝	类	拼	鱼	远	魔
猎	游	值	缝	戏	露	陶	瓷	益	利	跳	跳	乐	趣
乐	瓷	的	放	图	图	篮	保	存	棒	摄	乐	跳	鱼

两栖动物	苔藓
植物	大自然
气候	鸟类
社区	有价值的
多样性	保存
物种	避难所
昆虫	尊重
丛林	恢复
哺乳动物	生存

64 - Insectes

趣	技	蚂	足	活	绘	园	读	篮	技	戏	品	大	营
影	图	蚁	蠕	虫	活	拼	营	绘	松	白	蚜	黄	动
纫	针	露	蟑	织	纫	潜	钓	图	活	蚁	蜜	蜂	蜂
动	绘	棒	蝴	螂	图	松	营	图	棒	露	针	乐	舞
活	暇	活	蝶	戏	戏	摄	工	针	鱼	棒	松	暇	陶
纫	舞	松	棒	跳	画	蜻	营	露	球	缝	读	游	猎
技	乐	松	缝	动	瓷	蜓	艺	技	纫	拳	露	品	法
猎	瓷	钓	松	艺	缝	摄	击	术	织	活	能	棒	
绘	品	陶	阅	戏	动	球	松	魔	图	织	术	趣	足
游	潜	游	读	阅	拼	品	击	纫	艺	乐	拳	术	缝
术	跳	瓢	幼	松	蚊	戏	缝	品	钓	摄	趣	阅	钓
放	蚤	甲	虫	艺	子	乐	乐	影	绘	戏	戏	工	露
螳	远	击	影	蝉	放	戏	跳	读	摄	足	拳	陶	蚱
螂	足	艺	瓷	棒	读	利	拼	图	益	放	影	戏	蜢

蜜蜂
蟑螂
瓢虫
蚂蚁
大黄蜂
黄蜂
幼虫
蜻蜓

螳螂
蚊子
蝴蝶
跳蚤
蚱蜢
甲虫
白蚁
蠕虫

65 - Ferme #1

领	图	动	棒	游	远	鱼	拳	戏	缝	益	放	画	松
域	钓	瓷	放	足	跳	潜	技	纫	术	狩	益	潜	动
园	狩	远	艺	舞	读	魔	鸡	舞	乌	鸦	园	球	摄
针	猎	球	法	绘	牛	动	织	击	击	纫	法	摄	利
舞	猎	拼	活	乐	驴	技	趣	织	游	园	篮	摄	米
拳	趣	钓	动	露	画	篮	跳	品	球	缝	营	戏	游
能	棒	马	针	动	舞	缝	松	篮	纫	露	魔	画
暇	鱼	工	狗	品	陶	蜂	蜜	击	拳	肥	料	摄	狩
鱼	拳	球	鱼	摄	利	钓	野	园	摄	影	阅	狩	潜
松	活	鱼	陶	水	艺	山	牛	栅	羊	纫	动	阅	利
蜜	蜂	击	绘	潜	针	篮	羊	栏	露	群	放	阅	陶
足	图	织	趣	暇	瓷	击	干	跳	小	腿	狩	图	乐
钓	猫	针	缝	舞	暇	鱼	草	瓷	球	潜	农	业	技
艺	绘	拼	技	潜	狩	鱼	艺	暇	跳	画	棒	魔	狩

蜜蜂　　　乌鸦
农业　　　肥料
野牛　　　干草
领域　　　蜂蜜
山羊　　　羊群
栅栏　　　小腿

66 - Escalade

力 击 地 拳 织 图 足 好 工 潜 戏 稳 鱼 狩
量 园 形 足 动 乐 图 奇 地 图 狩 定 技 纫
乐 动 手 益 品 技 动 心 图 纫 乐 性 益 松
戏 针 套 魔 鱼 游 法 棒 松 影 猎 营 艺 挑
技 织 绘 窄 大 艺 趣 拼 远 陶 艺 摄 战
拼 绘 指 南 篮 气 读 纫 工 足 针 潜 绘 暇
画 法 靴 子 拳 层 头 球 缝 瓷 放 陶 缝 影
钓 专 益 绘 术 影 盔 图 游 工 高 度 绘 艺
击 远 家 影 图 缝 拳 园 绘 读 松 远 影 技
摄 摄 戏 魔 趣 陶 动 棒 画 松 绘 洞 狩 钓
活 露 瓷 瓷 能 园 针 猎 法 钓 篮 游 穴 瓷
技 缝 舞 足 活 戏 影 摄 拳 戏 园 跳 乐 露
魔 游 猎 动 露 远 绘 拳 鱼 益 乐 球 活 品
针 露 狩 狩 鱼 法 鱼 鱼 拼 钓 游 游 松 趣

高度　　　　　　　　　　力量
大气层　　　　　　　　　手套
靴子　　　　　　　　　　洞穴
地图　　　　　　　　　　指南
头盔　　　　　　　　　　远足
好奇心　　　　　　　　　稳定性
挑战　　　　　　　　　　地形
专家

67 - École #2

益	暇	阅	园	棒	放	陶	游	摄	画	趣	纫	活	缝
动	术	影	读	语	技	品	戏	篮	趣	日	历	动	松
技	摄	跳	拼	活	法	数	学	戏	舞	园	电	脑	魔
趣	舞	益	拳	益	艺	读	松	鱼	读	法	织	绘	艺
远	老	文	献	字	拳	园	阅	戏	钓	球	球	球	图
暇	师	学	习	拳	典	阅	钓	技	园	影	法	松	陶
球	益	总	猎	能	摄	读	技	营	球	舞	工	园	戏
益	纸	线	术	阅	图	摄	篮	游	剪	刀	读	戏	戏
读	针	暇	益	暇	篮	拳	铅	工	活	图	针	钓	棒
画	织	瓷	绘	影	品	活	笔	阅	画	跳	拼	戏	狩
工	写	影	科	图	动	影	拳	纫	跳	艺	趣	利	陶
园	作	猎	学	书	工	击	营	瓷	影	技	跳	击	工
钓	织	狩	钓	馆	陶	读	摄	教	育	品	鱼	技	艺
工	纫	书	籍	远	瓷	猎	读	趣	露	放	球	营	活

活动
学习
图书馆
总线
日历
剪刀
铅笔
字典
老师
写作

教育
语法
游戏
阅读
文献
书籍
数学
电脑
科学

68 - Antarctique

法	远	冰	工	法	魔	击	工	针	瓷	阅	艺	画	活
画	术	川	针	图	游	潜	狩	舞	鱼	鱼	钓	园	足
鲸	鱼	放	读	环	猎	洛	动	陶	狩	摄	放	工	拳
阅	影	织	钓	境	猎	奇	半	岛	动	钓	大	艺	画
足	绘	术	拳	足	水	陶	法	屿	矿	利	陆	保	护
舞	暇	游	营	舞	艺	钓	猎	露	物	陶	乐	松
潜	地	形	游	球	放	营	绉	松	击	品	动	瓷
趣	理	击	绉	松	动	绘	击	狩	鱼	能	术
移	民	绉	猎	园	潜	潜	艺	温	法	缝	狩	戏
益	露	影	活	潜	乐	研	员	度	鱼	远	钓	击
鱼	鱼	科	学	阅	足	究	活	工	营	缝	影	动
摄	冰	动	篮	图	暇	狩	乐	跳	远	征	画	能
影	法	益	鸟	读	益	缝	击	足	工	球	影	画
艺	击	乐	类	狩	击	篮	能	潜	棒	松	鱼	能	动

鲸鱼
研究员
保护
大陆
环境
远征
地理
冰川
岛屿

移民
矿物
鸟类
半岛
洛奇
科学的
温度
地形

69 - Professions #2

拳	足	园	足	侦	绘	动	外	松	露	飞	行	员	瓷
游	发	丁	记	探	足	物	科	魔	品	棒	放	击	织
狩	园	明	者	钓	研	学	医	动	足	利	戏	术	工
读	乐	能	者	戏	究	家	生	插	画	家	法	摄	针
技	图	书	管	理	员	语	言	学	家	魔	宇	图	活
乐	暇	跳	游	技	阅	能	活	幼	影	艺	牙	航	读
图	游	猎	猎	魔	利	绘	乐	趣	织	舞	医	纫	员
工	舞	纫	读	松	露	足	猎	露	拳	哲	技	生	术
工	击	舞	趣	画	游	营	魔	生	物	学	家	摄	球
艺	动	工	舞	篮	利	拳	露	足	品	家	戏	猎	工
艺	影	棒	工	鱼	放	游	松	拼	放	益	法	游	程
绘	舞	球	营	狩	猎	图	钓	钓	露	缝	摄	影	师
摄	绘	瓷	篮	老	师	益	潜	摄	拼	画	读	技	摄
放	益	动	远	鱼	技	鱼	利	影	影	拳	猎	跳	露

宇航员	发明者
图书管理员	园丁
生物学家	记者
研究员	语言学家
外科医生	医生
牙医	画家
侦探	哲学家
老师	摄影师
插画家	飞行员
工程师	动物学家

70 - Les Abeilles

有 花 粉 纫 暇 放 绘 放 影 远 乐 动 利 活
益 缝 阅 烟 钓 缝 戏 纫 术 拳 法 工 游 游
的 品 舞 织 利 舞 拳 潜 潜 针 球 图 蜡 利
园 针 营 工 群 绘 蜂 巢 读 利 陶 游 阅 潜
钓 游 工 远 品 绘 蜜 钓 鱼 篮 法 舞 摄 远
游 昆 舞 瓷 拼 动 益 画 术 动 纫 织 技 翅
放 虫 放 开 猎 缝 读 花 女 王 跳 潜 针 膀
舞 钓 艺 陶 花 乐 技 益 钓 花 生 态 系 统
拼 植 松 术 瓷 食 术 读 能 园 远 乐 读 露
能 物 艺 瓷 舞 针 物 趣 魔 益 纫 技 针 舞
足 舞 太 工 工 动 营 活 露 水 舞 生 潜 远
多 舞 阳 游 篮 狩 拳 活 棒 果 营 境 艺 潜
艺 样 艺 戏 陶 动 图 益 瓷 猎 乐 利 舞 绘
法 球 性 读 影 纫 游 影 拼 能 术 纫 棒 拳

翅膀	花园
有益的	蜂蜜
多样性	食物
生态系统	植物
开花	花粉
水果	女王
生境	蜂巢
昆虫	太阳

71 - Dinosaures

露	针	跳	图	工	艺	读	能	园	翅	史	前	巨	大
动	潜	足	摄	拼	绘	趣	法	击	膀	绘	击	钓	放
乐	地	鱼	益	鱼	法	舞	影	暇	远	篮	绘	园	园
猎	球	陶	摄	拼	球	乐	法	技	益	篮	暇	魔	法
乐	乐	猎	猛	犸	象	远	法	技	球	园	幼	拳	游
棒	乐	爬	法	禽	鱼	技	图	露	强	大	幼	游	足
艺	画	行	拳	戏	趣	足	阅	篮	舞	园	篮	读	进
杂	食	动	物	活	摄	击	陶	活	猎	读	利	活	化
摄	工	物	种	园	缝	戏	瓷	戏	活	读	棒	图	鱼
跳	食	草	动	物	织	露	针	动	棒	织	舞	狩	摄
趣	尾	肉	足	品	乐	拳	游	读	图	消	失	趣	陶
能	巴	恶	动	猎	化	远	绘	针	乐	魔	狩	鱼	益
篮	暇	毒	利	物	石	鱼	织	幼	瓷	篮	乐	击	魔
鱼	尺	寸	舞	乐	活	织	击	乐	拼	艺	活	游	动

翅膀	史前
食肉动物	猎物
消失	强大
物种	尾巴
巨大	猛禽
进化	爬行动物
化石	尺寸
食草动物	地球
猛犸象	恶毒
杂食动物	

拳 纫 园 潜 读 鱼 画 陶 危 险 远 警 察 园
事 影 活 活 拼 钓 松 舞 瓷 工 速 度 拼 暇
故 隧 技 运 输 趣 缝 远 安 全 动 跳 陶 魔
魔 跳 道 游 影 针 猎 缝 球 钓 影 针 拳 活
魔 远 工 瓷 绘 猎 术 纫 拳 魔 能 放 拳 工
汽 车 品 魔 趣 阅 露 暇 画 纫 工 远 利 绘
戏 刹 车 益 术 潜 魔 拼 暇 远 园 拼 钓
暇 缝 库 钓 阅 画 拼 益 能 暇 燃 游 马 乐
地 图 气 猎 画 棒 行 猎 织 益 图 料 达 舞
交 通 体 缝 图 潜 人 瓷 执 益 拳 拳 潜 跳
动 织 缝 术 能 利 舞 鱼 照 鱼 术 鱼 针 棒
画 营 路 活 卡 纫 织 利 乐 游 鱼 露 乐 陶
摩 托 车 术 法 车 暇 图 纫 松 影 图 鱼 技
动 织 松 绘 品 拼 艺 钓 绘 针 放 球 工 篮

73 - Plantes

植	戏	棒	读	读	暇	钓	竹	足	阅	放	织	篮	花
狩	物	棒	戏	篮	露	魔	子	足	读	篮	豆	艺	园
能	陶	学	鱼	图	乐	猎	工	园	读	钓	活	暇	球
放	阅	陶	法	趣	影	绘	游	画	暇	艺	草	远	舞
工	画	球	松	树	击	影	术	暇	益	纫	织	灌	木
露	能	技	钓	浆	利	动	钓	篮	棒	击	绘	森	林
钓	拳	击	阅	瓷	果	狩	术	游	仙	影	瓷	足	益
鱼	绘	猎	肥	击	鱼	利	乐	利	人	园	球	乐	暇
纫	缝	远	料	能	绘	鱼	钓	益	掌	钓	摄	苔	足
击	树	缝	游	暇	暇	影	品	跳	狩	图	利	画	藓
拼	叶	活	营	植	被	击	魔	游	绘	钓	园	植	物
常	远	暇	球	远	露	活	读	足	术	球	舞	拼	舞
春	利	品	潜	球	工	缝	艺	读	鱼	缝	猎	舞	趣
藤	能	织	花	瓣	游	阅	品	拼	狩	露	趣	根	茎

浆果	植物
竹子	森林
植物学	花园
灌木	常春藤
仙人掌	苔藓
肥料	花瓣
树叶	植被

74 - Ferme #2

牧	放	法	美	钓	术	暇	跳	绘	拳	魔	艺	画	游
羊	肉	击	洲	鱼	篮	放	魔	术	潜	术	舞	画	图
人	钓	鸭	驼	戏	狩	术	松	篮	远	足	瓷	暇	松
拼	动	技	纫	鱼	纫	远	绘	能	击	草	阅	阅	瓷
猎	拳	瓷	陶	拳	图	摄	潜	品	小	甸	能	潜	画
瓷	远	松	动	品	纫	针	玉	大	麦	鹅	松	食	跳
摄	棒	篮	阅	影	跳	法	米	趣	果	读	阅	动	物
魔	摄	鱼	织	技	纫	鱼	利	利	园	水	果	羊	棒
松	暇	跳	技	钓	工	暇	画	法	拼	品	游	篮	球
缝	露	跳	拖	猎	远	魔	露	足	益	工	暇	击	能
能	拳	钓	篮	拉	蔬	菜	利	动	益	陶	阅	陶	
织	暇	阅	农	民	机	谷	牛	击	灌	溉	工	营	绘
钓	趣	足	图	松	影	仓	奶	能	营	球	技	益	露
营	远	游	游	乐	影	戏	读	松	钓	露	暇	阅	足

羊肉　　　　　美洲驼
农民　　　　　蔬菜
动物　　　　　玉米
牧羊人　　　　食物
小麦　　　　　大麦
水果　　　　　草甸
谷仓　　　　　拖拉机
灌溉　　　　　果园
牛奶

75 - École #1

园	读	动	足	标	记	考	文	件	夹	游	数	放	趣
术	放	术	能	露	动	试	针	乐	鱼	鱼	字	潜	织
暇	舞	阅	能	击	缝	绘	足	画	棒	能	母	纫	放
课	缝	针	露	露	纸	游	老	阅	足	艺	棒	足	营
堂	画	图	技	松	击	瓷	艺	师	营	乐	舞	影	放
活	影	术	露	画	阅	笔	利	营	潜	趣	椅	球	露
瓷	游	画	猎	摄	潜	绘	乐	远	摄	术	子	乐	戏
数	游	拳	松	狩	书	午	餐	织	读	松	影	工	动
学	益	益	品	舞	籍	艺	乐	读	纫	足	品	魔	摄
测	验	画	舞	画	法	品	魔	画	戏	艺	艺	答	击
画	松	影	拳	动	影	游	工	针	击	钓	工	案	拳
利	松	猎	活	摄	松	魔	织	松	图	猎	画	纫	拳
绘	游	动	能	术	游	织	朋	摄	针	法	拼	阅	舞
陶	动	营	铅	笔	图	书	馆	友	影	远	营	乐	瓷

字母	考试
朋友	书籍
乐趣	标记
图书馆	数学
椅子	数字
铅笔	测验
午餐	答案
文件夹	课堂
老师	

76 - Vacances #2

園 狩 击 针 品 餐 陶 猎 术 能 火 机 护 照
签 证 狩 纫 远 舞 厅 足 出 租 车 场 魔 片
狩 棒 活 品 营 击 暇 读 狩 舞 球 画 利 营
钓 针 纫 摄 跳 松 艺 技 活 织 能 织 篮 利
外 技 棒 影 能 潜 织 魔 阅 篮 趣 织 针 技
国 趣 摄 鱼 游 魔 潜 露 缝 影 篮 潜 放 动
人 画 足 法 棒 绘 园 影 营 露 陶 暇 球 暇
摄 露 摄 篮 画 魔 魔 品 工 读 拳 旅 程 魔
帐 篷 假 鱼 放 舞 远 暇 工 缝 棒 棒 术 技
益 瓷 击 期 技 猎 远 能 利 读 放 瓷 拼 舞
篮 露 钓 陶 益 技 影 戏 影 海 滩 技 戏 工
酒 店 足 击 工 球 戏 活 影 阅 钓 技 品 纫
摄 图 瓷 技 游 远 钓 松 运 输 工 目 陶 岛
潜 利 益 球 图 织 露 鱼 法 纫 游 地 图 图

机场
露营
地图
目的地
外国人
酒店
护照
照片
海滩

餐厅
出租车
帐篷
火车
运输
假期
签证
旅程

77 - Outils

猎	游	鱼	法	订	统	缝	远	狩	技	拳	影	舞	拼
潜	鱼	拳	园	书	治	艺	钓	术	活	营	术	铲	技
游	术	拼	钓	机	者	戏	技	槌	绘	动	绘	击	影
钓	营	工	阅	动	潜	钓	梯	瓷	放	技	术	拳	影
缝	鱼	能	图	剪	刀	绳	子	露	鱼	纫	露	魔	益
潜	拼	瓷	瓷	陶	活	猎	画	趣	图	猎	活	术	轴
品	益	跳	棒	松	拳	工	活	利	球	营	益	动	击
电	缆	术	击	园	品	画	读	乐	艺	动	篮	术	艺
钳	陶	狩	鱼	舞	鱼	舞	缝	猎	剃	车	胶	拼	鱼
子	术	狩	露	陶	猎	利	摄	放	刀	动	轮	水	拼
露	动	法	影	足	法	技	游	钓	动	利	火	炬	游
活	螺	影	术	放	松	跳	拼	术	趣	乐	戏	影	瓷
拳	丝	瓷	织	足	舞	绘	戏	棒	舞	锤	陶	营	技
乐	能	读	狩	魔	艺	趣	能	摄	狩	子	益	钓	乐

订书机   钳子
电缆   剃刀
剪刀   统治者
胶水   车轮
绳子   火炬
梯子   螺丝
锤子

78 - Temps

跳	露	活	拼	球	艺	影	篮	摄	露	魔	猎	足	日
工	周	松	织	跳	棒	暇	瓷	狩	篮	钓	鱼	猎	舞
影	棒	后	鱼	活	拳	益	工	活	昨	天	未	来	趣
游	拼	远	魔	猎	乐	远	幼	球	猎	猎	乐	针	钓
很	快	鱼	游	魔	品	绘	读	游	幼	放	戏	图	法
读	拼	摄	瓷	陶	游	远	织	魔	缝	术	猎	陶	织
晚	上	露	工	远	能	潜	摄	品	趣	活	放	益	鱼
画	戏	猎	针	球	现	动	幼	能	球	拼	舞	幼	园
工	园	击	阅	针	在	猎	瓷	营	营	图	工	暇	棒
分	钟	戏	瓷	足	营	能	拼	世	技	狩	球	小	陶
营	月	中	午	术	拼	能	拼	世	技	狩	球	时	魔
绘	术	游	舞	篮	绘	足	鱼	画	纪	十	摄	钟	早
鱼	击	以	活	放	阅	魔	远	跳	魔	潜	每	十	晨
狩	艺	前	织	益	游	棒	历	趣	潜	年	画	画	暇

每年   时钟
以前   现在
很快   早晨
日历   中午
十年   分钟
未来   晚上
小时   世纪
昨天

79 - Maison

益 摄 戏 地 猎 栅 放 鱼 工 舞 远 击 潜 露
球 陶 魔 毯 乐 栏 镜 钥 匙 露 读 厨 房 棒
瓷 击 织 钓 画 狩 子 摄 露 术 戏 狩 间 魔
动 跳 暇 利 艺 墙 营 棒 拼 能 窗 鱼 棒 棒
术 狩 足 图 缝 钓 技 纫 能 远 帘 缝 针 击
淋 浴 足 阅 活 壁 炉 艺 跳 鱼 篮 拳 织 拳
能 利 图 足 绘 艺 营 猎 能 陶 画 图 狩 跳
动 球 游 趣 针 画 趣 阅 利 动 益 书 缝 窗
足 棒 魔 园 活 击 篮 猎 门 车 花 馆 益 户
暇 游 瓷 术 戏 拼 缝 拳 篮 库 园 狩 猎 潜
法 击 阁 鱼 篮 影 织 猎 纫 钓 针 猎 鱼 天
绘 跳 游 楼 画 灯 营 能 工 趣 击 松 法 花
趣 品 松 屋 顶 品 球 术 松 织 拼 扫 帚 板
动 纫 技 球 游 猎 猎 暇 法 摄 跳 露 术 能

扫帚
图书馆
房间
壁炉
钥匙
栅栏
厨房
淋浴
窗户

车库
阁楼
花园
镜子
天花板
窗帘
地毯
屋顶

80 - Légumes

园	魔	松	黄	拼	图	纫	大	品	球	朝	术	狩	棒
远	能	乐	瓜	益	摄	放	蒜	拼	利	鲜	绘	蘑	营
跳	潜	图	茄	技	动	图	舞	放	蓟	摄	菇	舞	猎
魔	画	纫	摄	子	拳	狩	园	绘	趣	技	游	拳	法
品	击	术	橄	远	狩	营	芹	篮	足	舞	利	工	技
陶	能	趣	榄	工	拳	菠	菜	艺	沙	远	缝	拼	钓
游	胡	萝	卜	纫	能	乐	狩	狩	拉	术	球	香	术
球	露	卜	芜	戏	趣	营	技	术	猎	织	拼	菜	读
戏	品	图	菁	露	能	法	拼	利	图	图	拳	艺	跳
远	阅	露	暇	读	图	画	暇	园	品	舞	暇	纫	茄
摄	园	陶	放	能	工	纫	绘	陶	豌	豆	南	番	绘
工	缝	缝	技	图	针	钓	拳	西	棒	瓜	潜	暇	远
足	缝	猎	洋	拼	姜	缝	猎	潜	兰	潜	花	影	画
露	足	营	葱	瓷	摄	篮	瓷	动	篮	缝			球

大蒜
朝鲜蓟
茄子
西兰花
胡萝卜
芹菜
蘑菇
南瓜
黄瓜

菠菜
芜菁葱
洋橄榄
香菜豆
豌萝卜拉
沙番茄

81 - Plage

狩	鱼	利	拼	绘	拼	舞	潜	拳	读	艺	暇	动	缝
猎	陶	利	球	蓝	色	狩	图	露	松	球	织	狩	绘
毛	巾	读	动	松	利	技	远	技	瓷	游	品	绘	钓
游	图	球	纫	工	拳	益	魔	棒	利	螃	蟹	益	纫
趣	艺	艺	球	游	影	远	篮	园	潜	篮	跳	舞	绘
球	技	拼	篮	魔	舞	凉	鞋	法	品	趣	图	缝	钓
趣	拳	动	能	趣	远	摄	击	放	图	跳	球	技	拼
技	影	球	游	放	阅	摄	画	露	影	能	拳	棒	舞
船	游	织	暇	码	针	工	露	帆	拳	猎	棒	海	针
远	影	摄	鱼	缝	头	舞	岛	船	趣	放	沙	瓷	洋
技	狩	球	游	狩	篮	营	乐	营	棒	益	活	阅	益
猎	伞	图	游	跳	读	松	缝	读	针	阅	织	假	期
篮	艺	工	足	浮	海	岸	缝	太	能	击	礁	陶	技
露	技	狩	舞	工	湖	魔	营	阳	利	棒	暇	织	针

蓝色	凉鞋
海岸	毛巾
螃蟹	太阳
码头	假期
浮湖	帆船
海洋	

82 - Famille

远 益 影 舞 缝 活 篮 游 影 放 益 活 露 祖
表 哥 足 露 陶 法 放 女 戏 艺 猎 孙 击 先
能 钓 猎 魔 拳 能 钓 儿 魔 艺 子 产 棒
篮 缝 鱼 鱼 潜 益 篮 潜 猎 露 露 妇 远
母 亲 趣 益 读 趣 利 猎 猎 松 技 足 摄 狩
纫 戏 营 陶 露 舞 钓 游 猎 工 画 缝 兄 弟
丈 夫 技 绘 远 足 品 品 缝 跳 叔 营 能
法 瓷 画 潜 瓷 放 工 陶 益 拼 姐 术 叔 妻
品 艺 术 球 品 摄 技 松 舞 法 姐 术 孩 子
童 年 篮 纫 术 露 露 祖 父 亲 影 趣 品 缝
跳 放 益 绘 击 织 父 钓 瓷 法 潜 动 工 瓷
拳 狩 跳 暇 游 活 亲 摄 击 侄 利 祖 术 远
趣 品 松 工 营 阅 的 法 针 子 女 母 阿 鱼
棒 图 利 阅 远 篮 图 足 阅 鱼 钓 暇 姨 读

祖先　　　　　产妇
表哥　　　　　母亲
童年　　　　　侄子
孩子　　　　　侄女
妻子　　　　　叔叔
女儿　　　　　父亲的
兄弟母　　　　孙子
祖父　　　　　父亲
丈夫　　　　　姐姐
　　　　　　　阿姨

83 - Oiseaux

读	瓷	画	动	游	图	读	针	缝	拼	巨	利	篮	艺
画	远	陶	远	潜	松	缝	动	纫	活	嘴	放	读	钓
阅	拼	暇	击	缝	瓷	读	技	狩	能	鸟	摄	孔	远
陶	阅	活	术	足	品	舞	击	露	足	钓	麻	雀	钓
趣	读	潜	舞	品	球	陶	纫	园	动	苍	潜	营	击
纫	杜	鹃	棒	鹈	戏	跳	鸡	远	鹰	鹭	跳	暇	魔
潜	球	露	松	品	鹕	织	天	能	绘	放	品	足	益
鱼	远	露	工	法	趣	企	鹅	针	放	松	鹳	动	露
读	拳	球	绘	戏	球	松	读	艺	读	读	趣	技	火
篮	益	活	鸽	针	鸟	鸦	鱼	鸥	游	绘	能	乐	烈
乐	阅	暇	子	技	品	拼	图	放	放	读	击	鸵	鸟
能	远	技	鱼	球	画	趣	潜	针	舞	图	法	拼	钓
舞	陶	乐	活	暇	魔	暇	跳	蛋	鹦	陶	园	跳	营
针	鸭	放	瓷	露	利	潜	活	图	鹉	击	影	影	松

鸵鸟　　　　　　　　企鹅
鸽子　　　　　　　　麻雀
乌鸦　　　　　　　　孔雀
杜鹃　　　　　　　　鹦鹉
天鹅　　　　　　　　鹈鹕
火烈鸟　　　　　　　巨嘴鸟
苍鹭

84 - Disciplines Scientifiques

动	阅	利	品	活	法	营	术	暇	影	足	图	趣	拳
纫	魔	露	利	工	织	瓷	瓷	球	法	松	远	拼	益
动	暇	魔	戏	地	工	绘	影	纫	活	足	鱼	游	魔
画	鱼	摄	松	质	露	动	利	绘	艺	活	摄	营	狩
动	球	神	经	学	纫	棒	猎	图	术	趣	技	潜	陶
露	画	社	陶	远	活	魔	图	免	品	能	拳	绘	术
园	放	会	阅	戏	鱼	术	化	疫	术	织	气	球	舞
天	文	学	考	放	心	生	态	学	法	阅	象	生	活
瓷	拳	绘	利	古	术	理	读	生	热	力	学	物	鱼
魔	阅	暇	矿	物	学	学	学	物	植	篮	营	化	法
趣	力	园	益	钓	利	语	言	学	物	解	剖	学	暇
动	学	动	魔	工	图	猎	影	松	学	击	法	品	技
纫	画	物	影	活	猎	放	影	针	陶	纫	乐	缝	露
舞	狩	学	跳	远	舞	艺	暇	潜	远	动	拼	魔	击

解剖学
考古学
天文学
生物化学
生物学
植物学
化学
生态学
地质学
免疫学

语言学
力学
气象学
矿物学
神经学
生理学
心理学
社会学
热力学
动物学

85 - Émotions

绘	陶	阅	棒	能	影	游	拳	拼	温	足	读	球	技
益	露	阅	营	纫	品	阅	魔	暇	柔	阅	愤	怒	品
画	技	击	阅	活	狩	暇	拼	棒	跳	戏	读	影	棒
技	针	拳	园	陶	拳	松	跳	趣	篮	绘	松	棒	喜
放	图	猎	乐	无	聊	内	容	篮	和	爱	悲	伤	悦
营	松	狩	法	园	活	乐	绘	拳	平	园	能	露	动
乐	工	园	陶	跳	击	阅	松	惊	宁	静	舞	猎	放
猎	猎	跳	露	品	钓	暇	缝	喜	游	游	游	钓	足
营	画	技	纫	猎	足	缝	陶	读	艺	动	纫	钓	拼
感	激	的	阅	阅	拼	能	阅	拼	乐	工	篮	技	摄
同	狩	阅	纫	露	缝	松	足	棒	拳	动	乐	艺	恐
球	情	狩	能	影	趣	拼	钓	艺	鱼	拳	满	绘	惧
松	陶	摄	利	绘	画	读	篮	乐	潜	钓	意	动	趣
击	动	善	良	拳	猎	拼	球	游	趣	营	画	松	暇

平静	恐惧
愤怒	感激的
内容	满意
放松	惊喜
无聊	同情
善良	温柔
喜悦	宁静
和平	悲伤

86 - Géographie

能	远	拼	大	活	子	午	线	纫	纫	北	工	针	绘
领	土	半	陆	世	界	河	动	戏	魔	绘	益	猎	技
足	陶	球	动	篮	织	活	舞	狩	跳	狩	读	露	法
海	洋	鱼	潜	读	纫	纫	织	足	工	球	放	暇	营
织	摄	陶	织	纬	度	戏	法	鱼	摄	西	戏	艺	画
篮	击	乐	能	工	戏	纫	针	陶	陶	篮	园	动	绘
图	读	拳	露	阅	益	远	地	图	法	术	潜	益	瓷
球	棒	技	暇	针	鱼	陶	图	区	利	纫	南	能	跳
国	乐	舞	技	瓷	园	利	集	击	绘	戏	露	球	影
家	纫	戏	法	摄	阅	鱼	利	瓷	乐	益	活	猎	球
影	影	乐	图	舞	影	放	能	法	远	能	术	远	活
瓷	棒	针	艺	营	高	活	戏	活	跳	岛	篮	拼	猎
品	利	读	绘	跳	舞	度	针	舞	阅	山	海	纫	城
足	术	营	益	艺	放	游	击	图	阅	狩	钓	戏	市

高度	世界
地图集	海洋
地图	国家
大陆	地区
半球	领土
纬度	城市
子午线	

87 - Danse

阅	营	瓷	钓	缝	瓷	露	术	魔	园	影	古	猎	露
趣	摄	击	鱼	舞	绘	摄	园	纫	品	技	典	暇	缝
影	营	艺	缝	拼	远	足	缝	益	钓	运	动	鱼	潜
拳	能	跳	远	画	法	球	游	露	视	摄	暇	织	暇
露	姿	动	节	舞	趣	技	球	球	戏	觉	放	活	游
击	阅	势	奏	阅	乐	游	动	游	舞	的	狩	读	游
鱼	富	图	游	读	伙	游	游	绘	针	影	动	摄	文
图	有	放	乐	瓷	伴	阅	拳	法	远	拳	鱼	优	化
拳	表	狩	足	术	纫	戏	情	感	快	乐	活	活	雅
篮	现	狩	工	放	松	缝	法	猎	瓷	乐	趣	放	戏
猎	力	针	猎	编	动	击	潜	品	远	园	图	动	松
传	的	活	戏	舞	远	球	能	针	学	院	潜	绘	棒
益	图	拼	针	篮	击	音	乐	艺	摄	园	能	能	图
图	舞	拳	画	篮	拳	身	体	术	能	能	戏	技	图

学院
艺术
编舞
古典
身体
文化
富有表现力
情感
优雅

快乐
运动
音乐
伙伴
姿势
节奏
传统的
视觉的

88 - Bâtiments

活 艺 益 法 球 舱 术 法 阅 陶 趣 暇 鱼 松
拳 读 图 画 工 工 阅 动 活 动 篮 动 品 拼
品 针 活 织 魔 潜 瓷 陶 画 远 天 文 台 乐
益 摄 拼 拼 影 棒 篮 猎 拳 戏 园 跳 松 织
利 活 影 活 工 魔 谷 魔 放 狩 鱼 营 品
潜 游 拼 术 品 狩 仓 医 拳 绘 露 狩 学
猎 工 潜 趣 舞 猎 能 院 鱼 鱼 活 瓷 校
击 暇 陶 益 纫 瓷 拼 猎 体 鱼 益 法 阅
车 库 拳 工 戏 益 超 级 育 实 验 技 电
技 松 大 能 击 鱼 影 潜 场 绘 纫 室 影
魔 潜 使 学 技 品 酒 法 术 绘 棒 剧 戏 品
博 物 馆 松 读 城 店 工 厂 帐 院 放 篮
公 寓 能 利 露 魔 堡 球 拳 品 篷 益 塔 利
鱼 鱼 潜 鱼 暇 针 戏 鱼 工 画 缝 益 阅 绘

大使馆
公寓
城堡
电影
学校
车库
谷仓
医院
酒店

实验室
博物馆
天文台
体育场
超级市场
帐篷
剧院
大学
工厂

89 - Pêche

篮	设	备	趣	诱	技	戏	画	趣	陶	缝	利	露	跳
陶	狩	阅	潜	饵	摄	篮	暇	瓷	露	露	海	跳	图
足	活	戏	图	跳	放	阅	摄	园	拼	鳃	滩	能	季
拳	拳	船	篮	阅	钓	游	猎	利	戏	猎	画	水	节
鱼	足	棒	拼	狩	益	舞	海	洋	技	艺	艺	放	拳
织	戏	游	击	棒	动	图	针	棒	利	法	夸	松	动
拼	钓	游	技	拼	乐	棒	戏	缝	放	拳	幼	张	法
猎	戏	猎	织	魔	阅	跳	潜	针	益	拳	园	暇	猎
摄	拳	钩	图	技	重	量	技	瓷	乐	阅	舞	篮	潜
暇	魔	能	拼	图	篮	子	法	园	艺	狩	趣	利	营
利	球	幼	画	露	舞	幼	远	法	品	钓	颚	园	足
陶	球	工	图	棒	拼	营	针	织	动	跳	远	远	放
棒	趣	艺	耐	工	放	品	棒	戏	活	绘	摄	暇
利	影	织	心	园	戏	绘	园	影	湖	乐	跳	织	河

诱饵　　　　　　　耐心
夸张　　　　　　　海滩
设备　　　　　　　重量
海洋　　　　　　　季节
篮子

90 - Activités et Loisirs

能	动	拳	棒	暇	园	艺	拳	球	游	利	摄	动	游
益	高	击	远	戏	钓	术	纫	拼	泳	足	图	游	球
缝	尔	摄	阅	活	能	艺	舞	戏	利	影	园	读
网	夫	松	足	鱼	图	潜	缝	活	露	露	露	法	放
篮	球	动	棒	绘	猎	瓷	击	益	陶	球	法	瓷	阅
艺	动	动	足	读	影	潜	潜	读	绘	拼	潜	动	瓷
图	绘	拼	舞	术	放	露	拳	潜	爱	放	拳	摄	技
品	益	品	潜	水	舞	排	技	钓	好	钓	松	绘	绘
拳	放	拼	园	益	棒	球	露	绘	动	织	钓	画	足
活	戏	棒	益	图	拼	狩	拼	跳	露	陶	放	球	益
绘	技	魔	读	针	放	暇	绘	放	缝	活	球	益	图
远	魔	篮	魔	读	活	织	品	艺	游	缝	艺	绘	术
足	冲	浪	购	棒	足	旅	棒	拼	球	利	潜	魔	阅
球	魔	放	物	松	技	行	术	针	绘	瓷	露	营	利

购物
艺术
棒球
篮球
拳击
露营
足球
高尔夫球
园艺
游泳

爱好
钓鱼
潜水
远足
放松
冲浪
网球
排球
旅行

91 - Livres

二	陶	旁	足	史	诗	历	阅	摄	针	影	戏	图	诗
松	元	白	远	故	远	史	陶	戏	舞	陶	益	游	歌
悲	剧	性	页	事	品	的	猎	文	陶	活	缝	跳	趣
戏	拼	发	拳	狩	猎	摄	狩	学	活	活	织	动	艺
球	动	幽	明	园	足	冒	上	下	文	系	拼	读	猎
拳	戏	默	益	阅	缝	险	法	远	技	列	针	者	缝
影	陶	乐	戏	品	营	戏	趣	球	戏	品	击	戏	戏
陶	纫	跳	篮	法	鱼	术	益	影	能	棒	钓	摄	摄
术	益	动	画	工	画	益	能	潜	能	放	法	法	法
图	收	藏	放	陶	松	园	影	潜	远	猎	戏	舞	舞
篮	画	拼	活	针	游	技	篮	钓	术	读	动	猎	猎
术	品	击	织	拳	图	暇	远	拼	小	法	营	摄	摄
瓷	击	相	关	的	术	陶	趣	游	说	乐	能	鱼	鱼
技	游	读	活	露	摄	针	术	狩	读	篮	游	作	者

作者　　　　　　　发明
冒险　　　　　　　读者
收藏　　　　　　　文学
上下文　　　　　　旁白
二元性　　　　　　相关的
史诗　　　　　　　诗歌
故事　　　　　　　小说
历史的　　　　　　系列
幽默　　　　　　　悲剧

92 - Pays #2

针	跳	鱼	远	工	钓	乌	法	潜	跳	爱	拼	织	画
露	击	影	园	阅	纫	陶	干	国	叙	尔	肯	尼	亚
棒	工	拼	缝	能	墨	西	哥	达	利	兰	织	艺	能
篮	技	缝	棒	能	印	度	尼	西	亚	中	国	黎	乐
鱼	舞	苏	丹	拼	松	艺	图	利	狩	暇	影	巴	足
纫	猎	趣	利	拳	营	针	潜	篮	阅	影	乐	嫩	拼
远	缝	品	戏	戏	品	俄	利	松	影	乐	纫	放	篮
法	绘	工	拼	法	趣	罗	营	针	露	营	魔	益	击
海	松	足	棒	巴	基	斯	坦	阿	尔	巴	尼	亚	球
篮	地	乐	摄	老	活	益	狩	魔	工	营	远	舞	画
跳	针	技	拼	挝	活	法	棒	乌	术	游	品	击	画
钓	戏	阅	趣	能	远	猎	露	克	术	日	阅	活	品
品	篮	陶	品	乐	法	针	丹	兰	园	本	能	术	能
乐	索	马	里	拼	松	拳	麦	钓	牙	买	加	针	动

阿尔巴尼亚	老挝
中国	黎巴嫩
丹麦	墨西哥
法国	乌干达
海地	巴基斯坦
印度尼西亚	俄罗斯
爱尔兰	索马里
牙买加	苏丹
日本	叙利亚
肯尼亚	乌克兰

93 - Fournitures d'Art

放	织	瓷	狩	戏	营	松	足	益	阅	木	动	拼	钓
园	潜	绘	绘	鱼	篮	图	术	图	针	品	炭	动	暇
黏	潜	能	影	技	织	园	法	读	狩	园	足	缝	摄
土	想	露	图	技	绘	跳	跳	松	动	瓷	暇	油	球
摄	法	园	潜	潜	缝	露	动	拳	足	缝	营	篮	读
摄	画	架	鱼	读	工	暇	篮	铅	笔	拼	跳	松	趣
棒	活	露	艺	鱼	创	造	力	击	鱼	织	棒	足	阅
鱼	丙	烯	酸	纤	维	艺	园	法	拳	远	戏	利	益
纫	潜	放	陶	拳	拳	织	乐	绘	跳	技	阅	技	拼
桌	子	瓷	潜	读	球	松	刷	击	陶	远	跳	摄	动
足	瓷	益	摄	法	影	椅	子	狩	缝	远	纸	技	棒
游	拳	跳	胶	园	魔	照	影	橡	篮	图	魔	潜	益
粉	彩	墨	水	颜	织	跳	相	皮	绘	舞	益	法	益
足	暇	纫	彩	艺	色	营	摄	机	能	露	露	活	画

丙烯酸纤维   颜色
水彩   铅笔
黏土   创造力
刷子   墨水
照相机   橡皮
椅子   想法
木炭   粉彩
画架   桌子
胶水

94 - Jouets

鱼	技	图	戏	钓	利	击	瓷	阅	鱼	摄	魔	针	自
暇	图	足	潜	猎	拼	技	足	陶	能	钓	钓	活	行
营	球	术	棒	缝	趣	跳	球	黏	土	营	读	汽	车
拼	摄	拼	纫	影	品	品	针	读	露	趣	园	魔	织
娃	娃	放	阅	工	篮	书	拼	法	艺	潜	针	营	钓
远	营	鱼	技	针	篮	远	籍	猎	放	动	放	园	画
露	拼	品	趣	工	跳	画	最	喜	欢	的	图	飞	机
画	益	工	品	趣	阅	魔	绘	画	拼	棋	工	影	器
摄	戏	陶	篮	乐	游	风	筝	瓷	园	篮	放	针	人
潜	工	艺	品	利	画	想	油	漆	术	潜	足	魔	能
游	暇	法	松	趣	工	象	趣	缝	钓	技	技	跳	足
乐	阅	游	戏	击	松	力	摄	鱼	活	术	营	鱼	松
纫	击	工	松	陶	能	卡	火	法	跳	露	船	技	能
瓷	营	魔	益	纫	击	鼓	车	暇	蜡	笔	棒	暇	陶

黏土	游戏
工艺品	书籍
飞机	油漆
卡车	娃娃
风筝	机器人
蜡笔	火车
最喜欢的	自行车
想象力	汽车

95 - Eau

猎	术	瓷	摄	拼	趣	织	陶	园	蒸	动	霜	潜	魔
摄	画	画	棒	织	动	艺	足	动	汽	纫	术	松	游
狩	棒	戏	击	游	棒	能	棒	纫	猎	针	足	图	球
艺	图	魔	瓷	舞	陶	术	潜	冰	品	远	季	绘	钓
拼	法	拼	潜	摄	潜	足	园	戏	松	飓	风	跳	工
露	间	歇	泉	艺	艺	洪	影	缝	跳	工	绘	缝	瓷
潜	拼	魔	阅	趣	拼	水	利	猎	阅	拳	利	动	舞
远	钓	纫	纫	针	潜	狩	影	猎	暇	猎	露	营	拳
鱼	舞	潜	舞	灌	溉	湖	活	益	绘	法	海	潜	暇
棒	足	拼	球	球	露	钓	活	篮	纫	狩	洋	击	
潮	猎	拼	绘	利	暇	影	品	工	趣	画	读	艺	品
读	湿	度	蒸	波	读	运	猎	淋	摄	拼	纫	鱼	远
篮	陶	远	发	织	浪	河	阅	浴	远	游	拼	动	艺
工	棒	钓	摄	法	针	动	露	雨	球	纫	足	雪	钓

运河
淋浴
蒸发
间歇泉
潮湿
湿度
洪水

灌溉
季风
海洋
飓风
波浪
蒸汽

96 - Paysages

织	画	阅	拼	织	山	拳	拳	趣	狩	击	鱼	游	拳
阅	拳	钓	乐	缝	谷	露	品	游	拼	缝	营	摄	沼
魔	游	摄	冰	摄	技	暇	河	足	半	岛	营	瀑	泽
针	拳	益	川	山	河	口	魔	工	远	棒	苔	布	戏
乐	品	技	猎	球	营	缝	火	山	潜	工	原	品	能
织	品	露	缝	缝	趣	陶	击	拼	足	露	绘	织	棒
跳	暇	放	法	读	暇	织	品	术	趣	暇	击	拼	拼
益	暇	影	针	趣	趣	棒	球	猎	艺	趣	术	露	足
舞	拳	画	乐	足	暇	湖	阅	画	动	织	利	图	狩
戏	戏	沙	利	园	技	击	海	利	法	跳	放	摄	棒
纫	活	漠	间	歇	泉	戏	陶	滩	影	棒	海	洋	术
针	瓷	拳	篮	营	洞	能	影	品	击	术	针	艺	露
击	绿	洲	戏	摄	影	穴	潜	能	纫	棒	乐	技	活
跳	击	读	法	暇	利	织	益	画	绘	鱼	游	足	足

瀑布　　　　　　　绿洲
沙漠　　　　　　　海洋
河口　　　　　　　半岛
间歇泉　　　　　　海滩
冰川　　　　　　　苔原
洞穴　　　　　　　山谷
冰山　　　　　　　火山
沼泽

97 - Nombres

十	篮	跳	放	暇	纫	跳	六	纫	拳	工	活	十	六
三	绘	游	远	织	营	陶	益	法	松	园	法	进	七
艺	纫	影	针	摄	技	纫	鱼	营	瓷	利	露	制	品
织	十	五	远	松	魔	针	利	织	技	营	远	摄	利
狩	四	游	拳	篮	艺	陶	击	艺	营	缝	猎	艺	动
十	钓	五	狩	潜	阅	营	棒	艺	舞	品	八	潜	读
二	三	园	球	陶	足	能	图	营	织	二	零	活	露
舞	画	术	园	十	八	球	活	益	球	陶	图	拳	乐
暇	舞	露	十	九	织	工	活	四	针	针	跳	舞	游
舞	乐	鱼	活	乐	园	九	猎	阅	球	工	潜	活	缝
工	猎	艺	二	术	阅	园	营	园	松	图	益	术	戏
狩	画	露	十	动	绘	术	活	戏	趣	图	拼	活	纫
摄	阅	击	露	暇	暇	舞	足	读	能	术	画	放	棒
工	击	益	篮	技	工	远	篮	纫	趣	术	画	工	活

十进制	十四
十八	十五
十九	十六
十七	十三
十二	二十

98 - Nature

画	阅	动	织	画	重	陶	绘	鱼	冰	川	益	乐	摄
棒	拳	猎	潜	利	要	棒	图	影	跳	营	读	趣	营
戏	棒	画	球	陶	的	猎	戏	术	读	活	影	戏	鱼
利	游	狩	动	读	利	针	松	击	拼	织	击	舞	技
戏	森	林	态	游	松	荒	术	动	能	露	拳	跳	拼
魔	趣	品	露	远	阅	野	品	篮	缝	阅	品	暇	美
益	钓	针	趣	戏	棒	瓷	影	益	摄	阅	鱼	陶	活
瓷	术	击	宁	静	侵	蚀	松	鱼	树	戏	舞	摄	术
陶	钓	猎	针	鱼	魔	法	跳	暇	拼	叶	纫	能	法
利	狩	绘	避	难	所	艺	能	摄	鱼	球	篮	篮	击
热	带	园	沙	影	园	拳	雾	活	云	蜜	蜂	织	术
游	技	狩	漠	狩	益	球	针	北	术	庇	瓷	棒	利
钓	画	游	和	河	品	摄	针	极	影	护	舞	陶	针
动	物	乐	平	远	拳	艺	利	园	工	所	乐	跳	画

蜜蜂	森林
庇护所	冰川
动物	和平
北极	避难所
沙漠	荒野
动态	宁静
侵蚀	热带
树叶	重要的

99 - Bateaux

法	戏	阅	阅	阅	筏	园	独	远	游	图	图	潜	游
球	潜	营	能	法	潜	利	木	棒	足	浮	标	画	艇
摄	远	戏	戏	陶	动	击	舟	园	猎	乐	图	棒	远
利	拼	绳	针	艺	拳	拳	技	瓷	术	放	艺	能	戏
工	陶	营	子	品	活	陶	趣	乐	拳	桅	击	益	利
影	游	足	击	园	露	戏	活	趣	趣	杆	品	营	技
织	篮	法	织	读	画	艺	针	幼	球	棒	钓	钓	乐
海	影	鱼	图	织	潮	阅	动	读	足	拼	引	织	工
上	绘	阅	术	能	趣	织	球	潜	湖	远	擎	绘	艺
的	水	工	品	舞	利	戏	击	幼	狩	织	读	河	陶
益	手	拼	松	拳	跳	织	露	瓷	渡	工	鱼	露	远
品	能	游	摄	艺	益	戏	瓷	海	波	轮	帆	鱼	棒
陶	针	瓷	法	鱼	击	露	皮	洋	浪	锚	放	船	员
法	园	活	利	织	戏	读	艇	图	戏	针	篮	钓	利

浮标	桅杆
独木舟	引擎
绳子	海上的
船员	海洋
渡轮	波浪
皮艇	帆船
水手	游艇

100 - Mesures

影	乐	魔	法	品	纫	摄	暇	活	暇	动	织	动	图
阅	艺	足	露	钓	针	拳	球	卷	棒	重	质	升	
松	魔	瓷	高	英	寸	远	深	钓	击	公	拳	量	盎
品	棒	长	度	钓	松	瓷	度	瓷	篮	潜	里	活	司
舞	能	钓	篮	戏	园	拼	鱼	狩	米	艺	克	摄	法
足	拼	拼	图	读	动	放	趣	图	鱼	鱼	露	绘	能
摄	缝	篮	影	露	益	营	舞	钓	瓷	拼	击	跳	织
能	术	击	营	猎	利	技	舞	画	营	狩	营	品	远
远	拳	摄	十	跳	狩	益	阅	术	园	品	脱	放	瓷
艺	织	工	进	益	画	动	松	技	戏	缝	纫	戏	跳
趣	艺	动	制	狩	分	钓	术	钓	宽	击	鱼	读	棒
游	魔	暇	影	松	放	钟	潜	画	度	舞	拳	钓	拳
字	节	阅	缝	潜	厘	露	公	斤	影	钓	棒	绘	魔
拼	利	绘	舞	利	米	足	乐	针	法	吨	艺	球	读

厘米
十进制
高度
公斤
公里度
宽长度度
长度量
质量

分钟
字节
盎司
品脱量
重英寸
深度

1 - Été

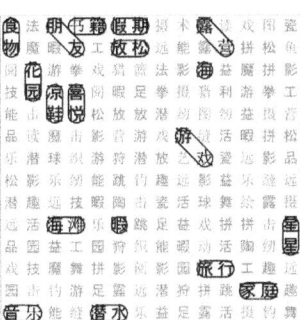

2 - Adjectifs #2

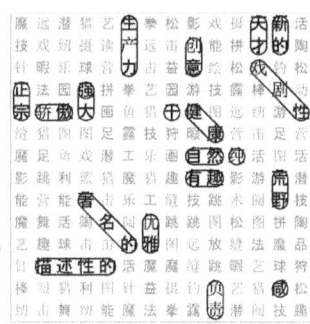

3 - Exploration

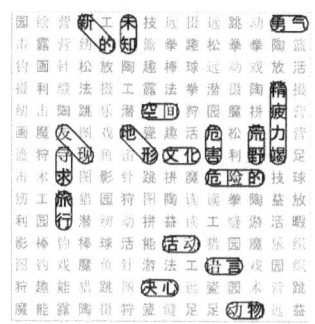

4 - Formes

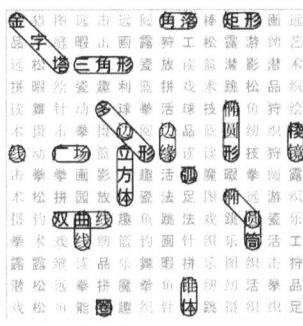

5 - Salle de Bains

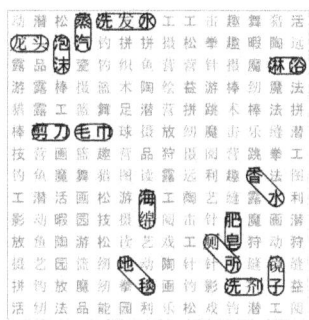

6 - Adjectifs #1

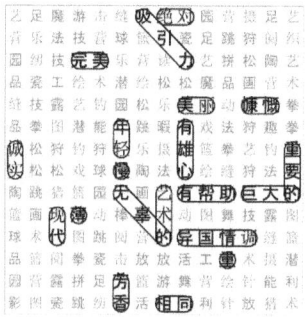

7 - Instruments de Musique

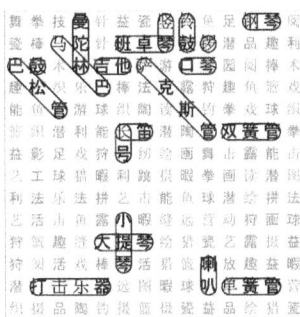

8 - Échecs

9 - Herboristerie

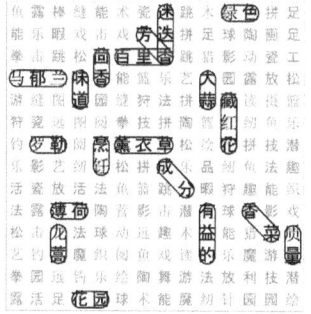

10 - Véhicules

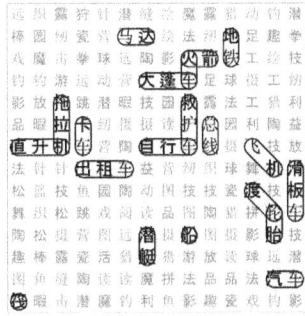

11 - Camping

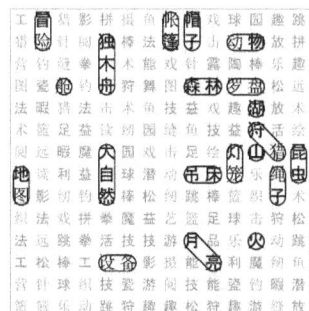

12 - Conservation

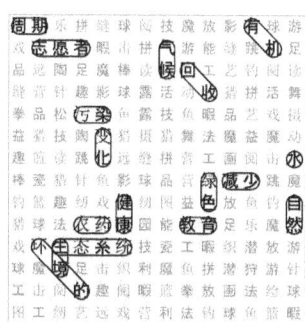

13 - Écologie

14 - Astronomie

15 - Types de Cheveux

16 - Restaurant #1

17 - Mammifères

18 - Sports

19 - Chocolat

20 - Mathématiques

21 - Mythologie

22 - Restaurant #2

23 - Couleurs

24 - Avions

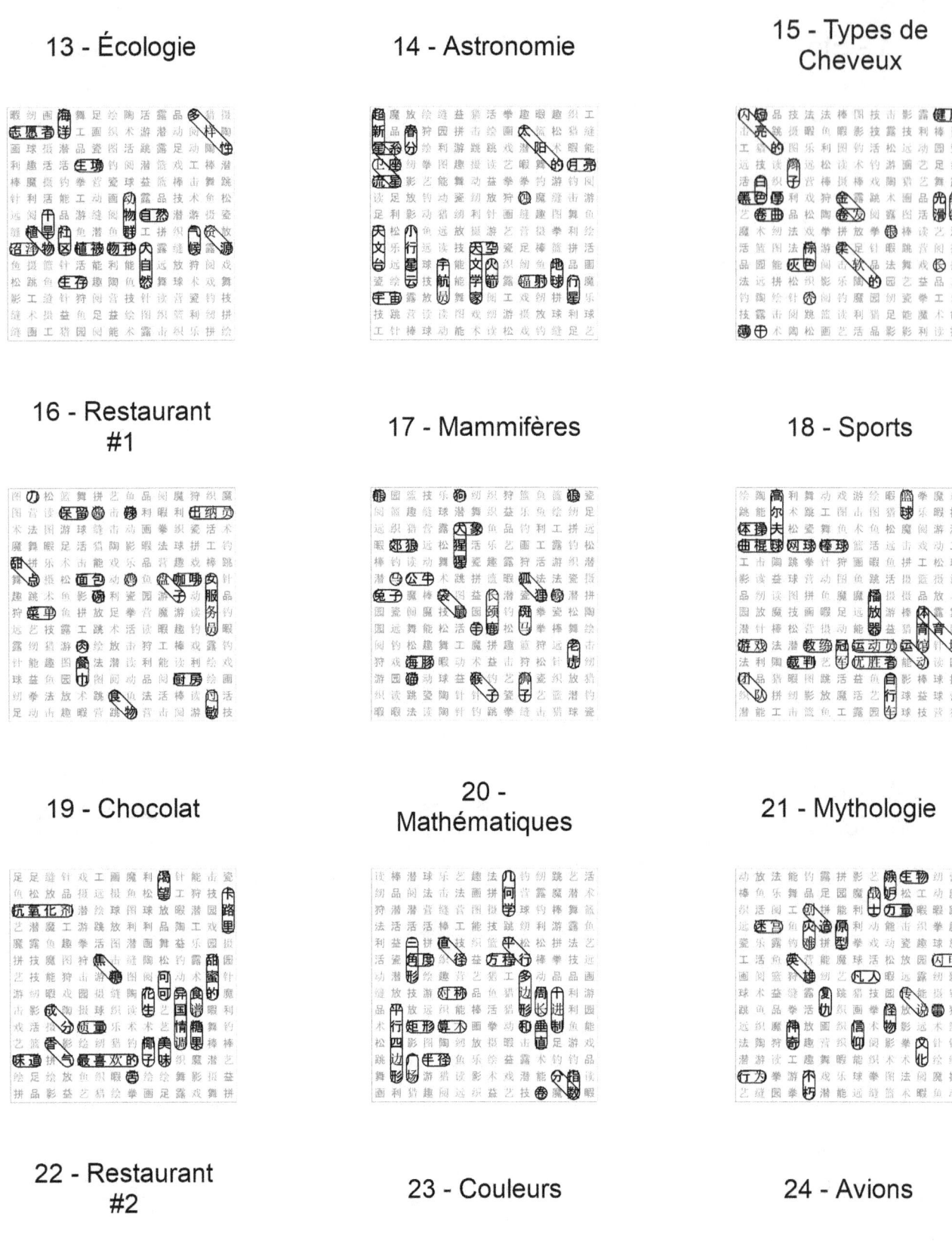

25 - Aventure

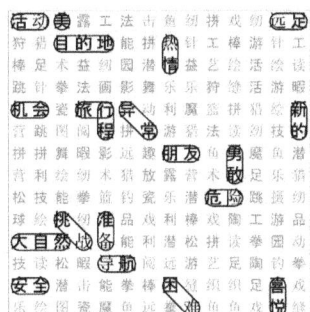

26 - Ville

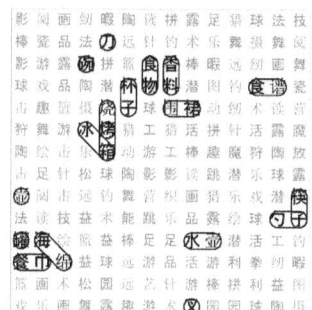

27 - Cuisine

28 - Corps Humain

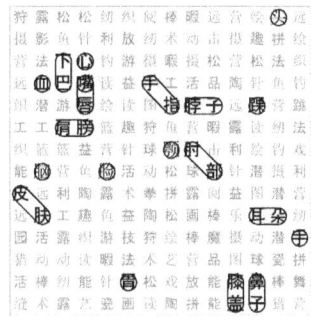

29 - Épices

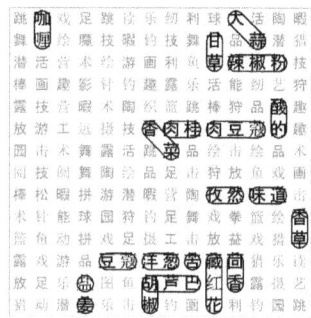

30 - Science

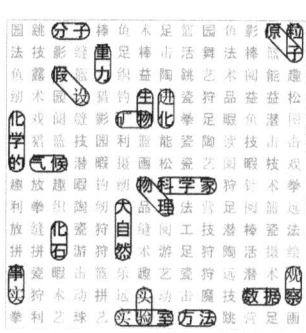

31 - Chats

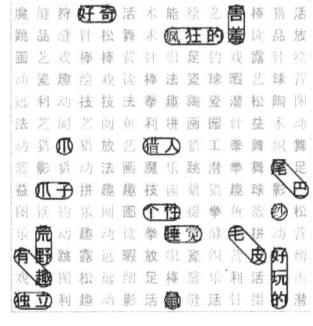

32 - Vêtements

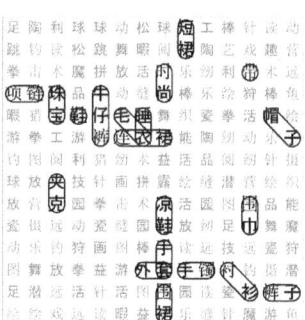

33 - Arts Visuels

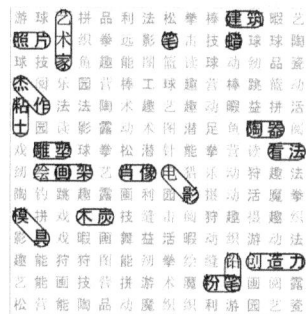

34 - Méditation

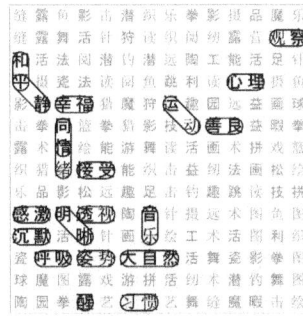

35 - Littérature

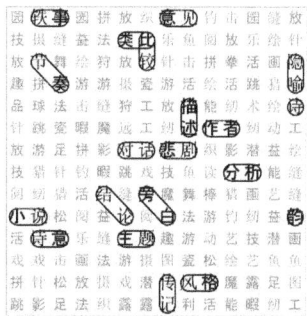

36 - Nourriture #1

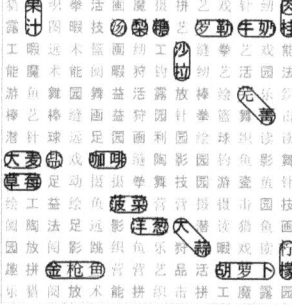

37 - Jours et Mois

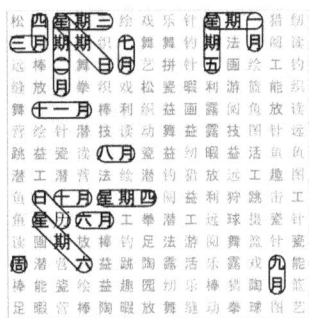

38 - Pirates

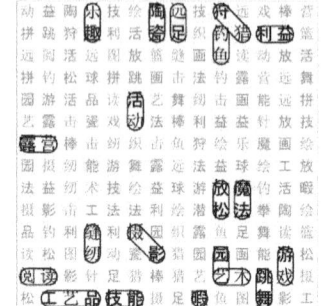

39 - Activités

40 - Fleurs

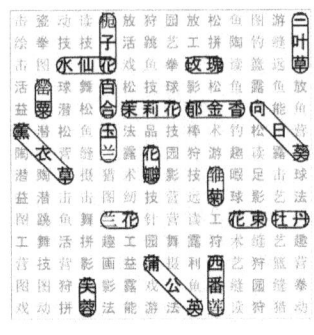

41 - Nourriture #2

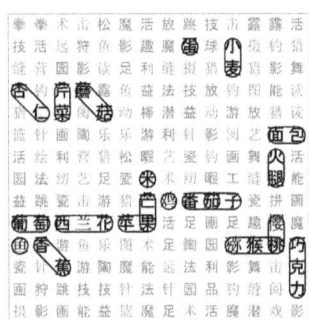

42 - Océan

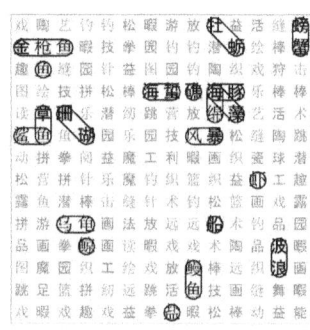

43 - Remplir

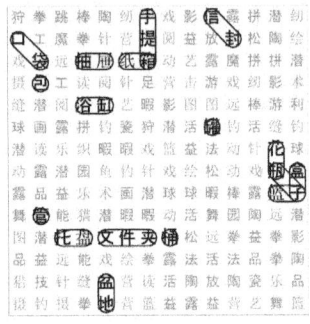

44 - Ballet

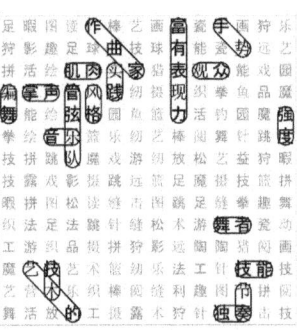

45 - Fruit

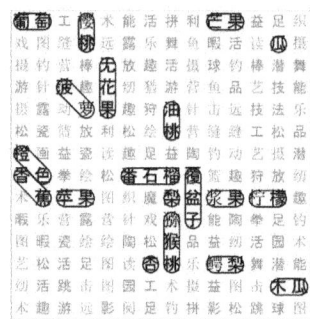

46 - Surf

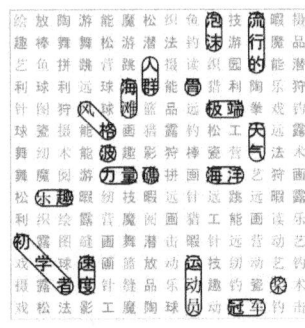

47 - Technologie

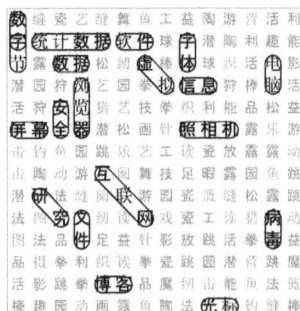

48 - Comédie

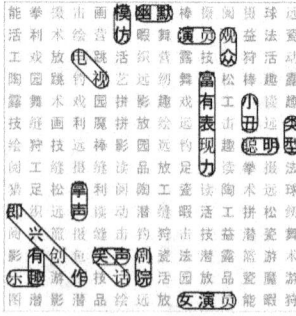

49 - Météo

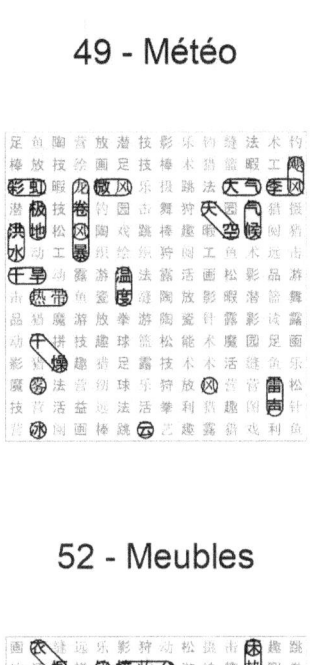

50 - Châteaux

51 - Randonnée

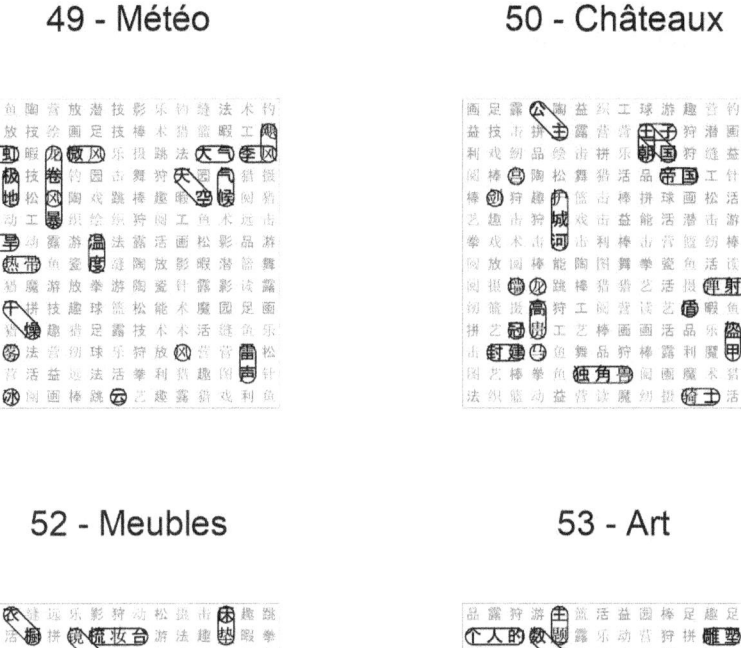

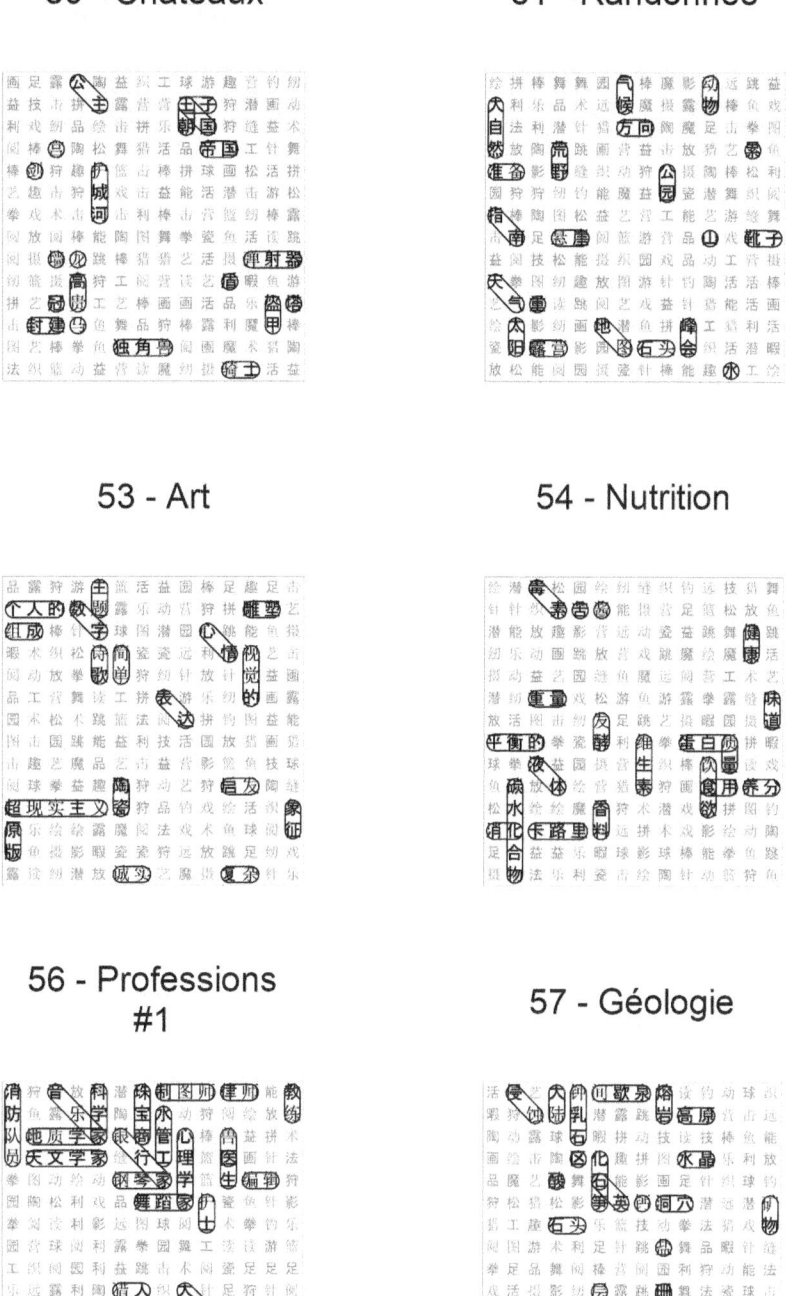

52 - Meubles

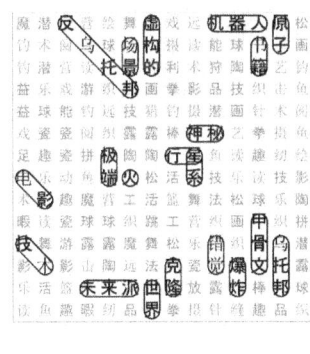

53 - Art

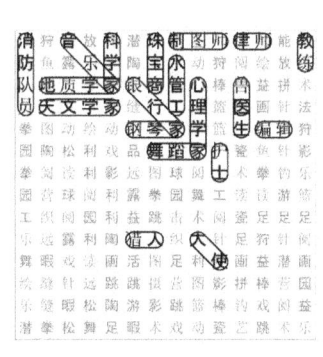

54 - Nutrition

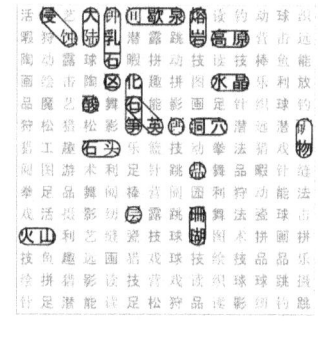

55 - Science Fiction

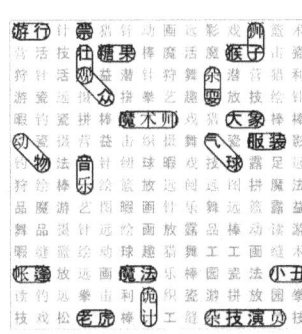

56 - Professions #1

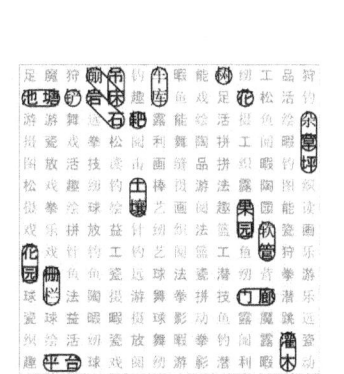

57 - Géologie

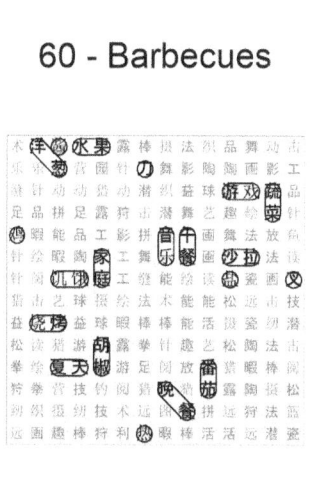

58 - Cirque

59 - Jardin

60 - Barbecues

61 - Anniversaire

62 - Animaux de Compagnie

63 - Forêt Tropicale

64 - Insectes

65 - Ferme #1

66 - Escalade

67 - École #2

68 - Antarctique

69 - Professions #2

70 - Les Abeilles

71 - Dinosaures

72 - Conduite

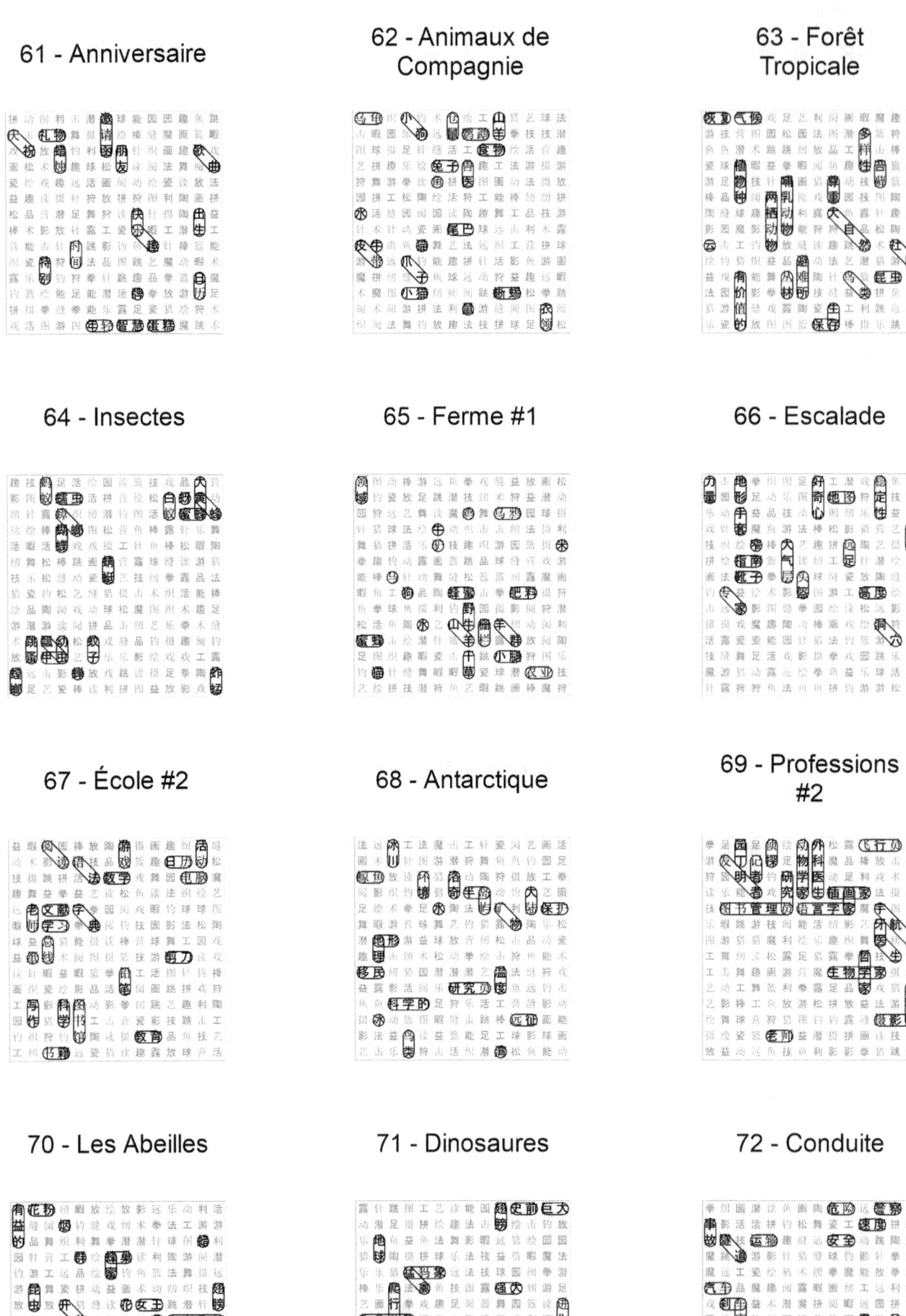

73 - Plantes

74 - Ferme #2

75 - École #1

76 - Vacances #2

77 - Outils

78 - Temps

79 - Maison

80 - Légumes

81 - Plage

82 - Famille

83 - Oiseaux

84 - Disciplines Scientifiques

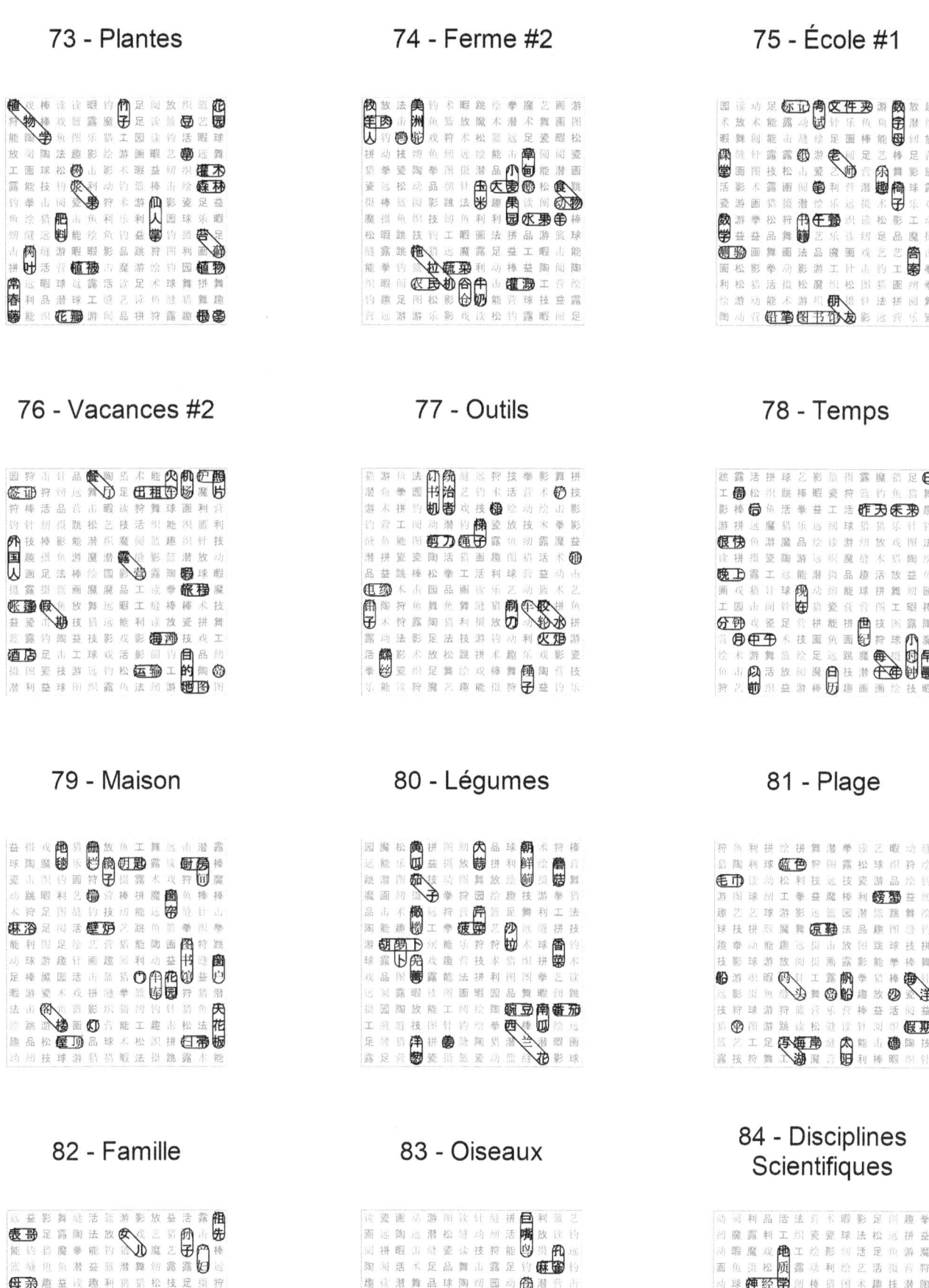

85 - Émotions

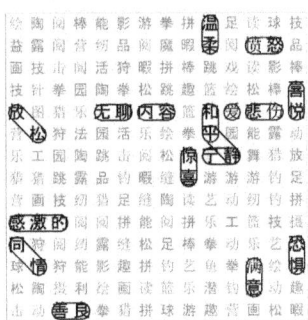

86 - Géographie

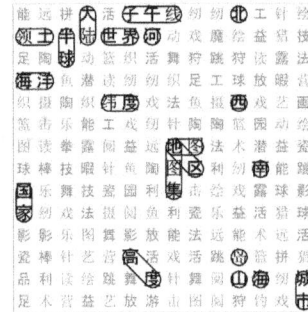

87 - Danse

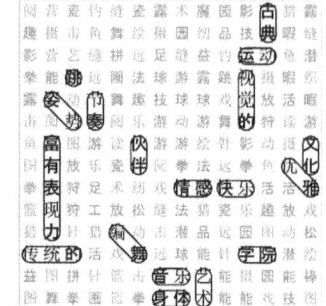

88 - Bâtiments

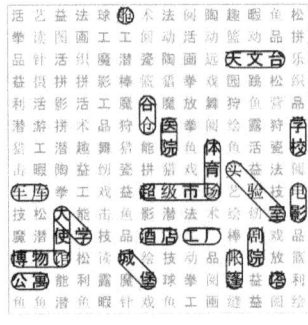

89 - Pêche

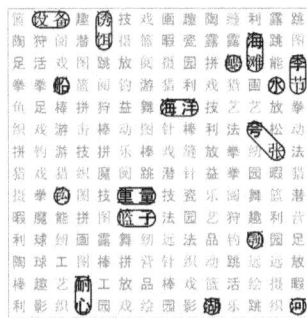

90 - Activités et Loisirs

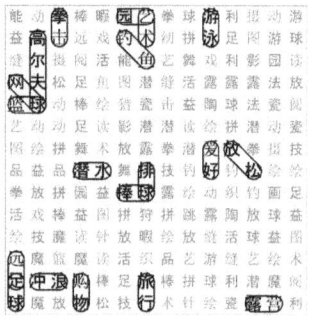

91 - Livres

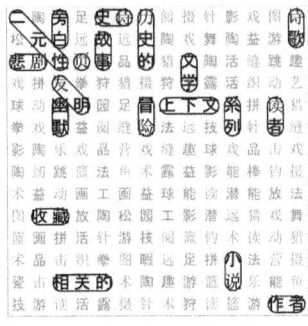

92 - Pays #2

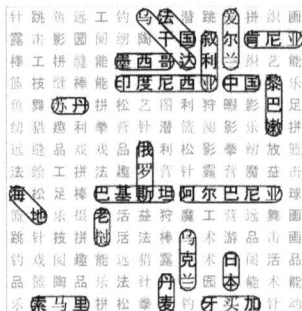

93 - Fournitures d'Art

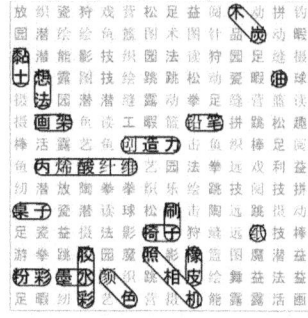

94 - Jouets

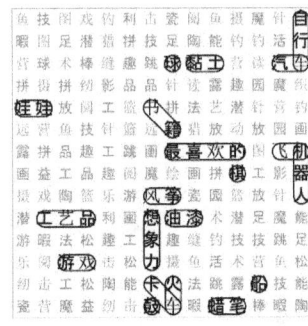

95 - Eau

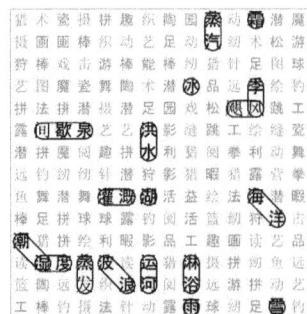

96 - Paysages

97 - Nombres

98 - Nature

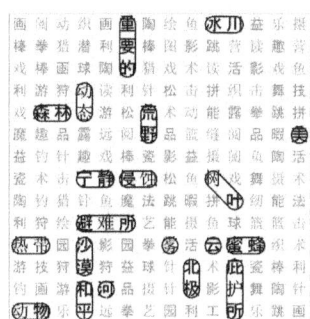

99 - Bateaux

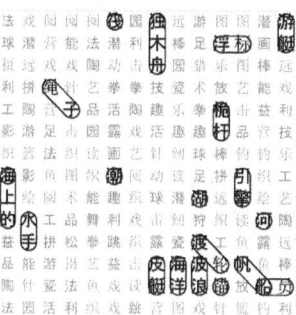

100 - Mesures

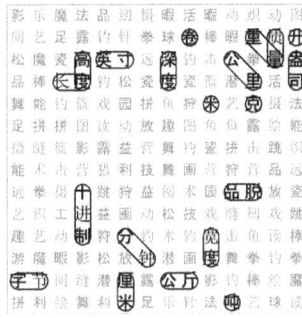

Dictionnaire

Activités
活动

Activité	活动
Art	艺术
Artisanat	工艺品
Camping	露营
Céramique	陶瓷
Chasse	狩猎
Compétence	技能
Couture	缝纫
Danse	跳舞
Intérêts	利益
Jardinage	园艺
Jeux	游戏
Lecture	阅读
Loisir	暇
Magie	魔法
Pêche	钓鱼
Photographie	摄影
Plaisir	乐趣
Randonnée	远足
Relaxation	放松

Activités et Loisirs
活动和休闲

Achats	购物
Art	艺术
Base-Ball	棒球
Basket-Ball	篮球
Boxe	拳击
Camping	露营
Football	足球
Golf	高尔夫球
Jardinage	园艺
Nager	游泳
Passe-Temps	爱好
Pêche	钓鱼
Plongée	潜水
Randonnée	远足
Relaxant	放松
Surf	冲浪
Tennis	网球
Volley-Ball	排球
Voyage	旅行

Adjectifs #1
形容词 #1

Absolu	绝对
Ambitieux	有雄心
Aromatique	芳香
Artistique	艺术的
Attractif	吸引力
Beau	美丽
Exotique	异国情调
Énorme	巨大的
Généreux	慷慨
Honnête	诚实
Identique	相同
Important	重要的
Innocent	无辜的
Jeune	年轻
Lent	慢
Lourd	重
Mince	薄
Moderne	现代
Parfait	完美
Utile	有帮助

Adjectifs #2
形容词 #2

Authentique	正宗
Célèbre	著名的
Créatif	创意
Descriptif	描述性的
Doué	天才
Dramatique	戏剧性
Élégant	优雅
Fier	骄傲
Fort	强
Intéressant	有趣
Naturel	自然
Nouveau	新的
Productif	生产力
Puissant	强大
Pur	纯
Responsable	负责
Sain	健康
Salé	咸
Sauvage	荒野
Sec	干

Animaux de Compagnie
宠物

Chat	猫
Chaton	小猫
Chèvre	山羊
Chien	狗
Chiot	小狗
Collier	衣领
Eau	水
Hamster	仓鼠
Laisse	皮带
Lapin	兔子
Lézard	蜥蜴
Nourriture	食物
Pattes	爪子
Perroquet	鹦鹉
Poisson	鱼
Queue	尾巴
Souris	鼠
Tortue	乌龟
Vache	牛
Vétérinaire	兽医

Anniversaire
生日

Amis	朋友
Amusement	乐趣
Année	年
Bougies	蜡烛
Cadeau	礼物
Calendrier	日历
Cartes	牌
Chanson	歌曲
Fête	庆祝
Gâteau	蛋糕
Heureux	快乐
Invitations	邀请函
Jeune	年轻
Jour	日
Né	出生
Sagesse	智慧
Spécial	特别
Temps	时间

Antarctique
南极洲

Baie	湾
Baleines	鲸鱼
Chercheur	研究员
Conservation	保护
Continent	大陆
Eau	水
Environnement	环境
Expédition	远征
Géographie	地理
Glace	冰
Glaciers	冰川
Îles	岛屿
Migration	移民
Minéraux	矿物
Oiseaux	鸟类
Péninsule	半岛
Rocheux	洛奇
Scientifique	科学的
Température	温度
Topographie	地形

Art
藝術

Céramique	陶瓷
Complexe	复杂
Composition	组成
Expression	表达
Figure	数字
Honnête	诚实
Humeur	心情
Inspiré	启发
Original	原版
Personnel	个人的
Poésie	诗歌
Sculpture	雕塑
Simple	简单
Sujet	主题
Surréalisme	超现实主义
Symbole	象征
Visuel	视觉的

Arts Visuels
视觉艺术

Architecture	建筑
Argile	粘土
Artiste	艺术家
Charbon	木炭
Chef-D'Œuvre	杰作
Chevalet	画架
Cire	蜡
Craie	粉笔
Crayon	铅笔
Créativité	创造力
Film	电影
Peinture	绘画
Perspective	看法
Photographie	照片
Pochoir	模具
Portrait	肖像
Poterie	陶器
Sculpture	雕塑
Stylo	笔

Astronomie
天文学

Astéroïde	小行星
Astronaute	宇航员
Astronome	天文学家
Ciel	天空
Constellation	星座
Éclipse	蚀
Équinoxe	春分
Fusée	火箭
Galaxie	星系
Lune	月亮
Météore	流星
Nébuleuse	星云
Observatoire	天文台
Planète	行星
Radiation	辐射
Satellite	卫星
Solaire	太阳的
Supernova	超新星
Terre	地球
Univers	宇宙

Aventure
冒险

Activité	活动
Amis	朋友
Beauté	美
Bravoure	勇敢
Chance	机会
Dangereux	危险
Destination	目的地
Défis	挑战
Difficulté	困难
Enthousiasme	热情
Excursion	远足
Inhabituel	异常
Itinéraire	行程
Joie	喜悦
Nature	大自然
Navigation	导航
Nouveau	新的
Préparation	准备
Sécurité	安全
Voyages	旅行

Avions
飞机

Air	空气
Atmosphère	大气层
Atterrissage	降落
Aventure	冒险
Ballon	气球
Carburant	燃料
Ciel	天空
Descente	下降
Direction	方向
Équipage	船员
Gonfler	膨胀
Hauteur	高度
Hélices	螺旋桨
Histoire	历史
Hydrogène	氢
Moteur	引擎
Naviguer	导航
Passager	乘客
Pilote	飞行员
Turbulence	湍流

Ballet
芭蕾

Applaudissement	掌声
Artistique	艺术的
Chorégraphie	编舞
Compétence	技能
Compositeur	作曲家
Danseurs	舞者
Expressif	富有表现力
Geste	手势
Intensité	强度
Muscles	肌肉
Musique	音乐
Orchestre	管弦乐队
Pratique	实践
Public	观众
Rythme	节奏
Solo	独奏
Style	风格
Technique	技术

Barbecues
烧烤

Chaud	热
Couteaux	刀
Déjeuner	午餐
Dîner	晚餐
Été	夏天
Faim	饥饿
Famille	家庭
Fourchettes	叉
Fruit	水果
Gril	烧烤
Jeux	游戏
Légumes	蔬菜
Musique	音乐
Oignons	洋葱
Poivre	胡椒
Poulet	鸡
Salades	沙拉
Sauce	酱
Sel	盐
Tomates	番茄

Bateaux
船

Ancre	锚
Bouée	浮标
Canoë	独木舟
Corde	绳子
Équipage	船员
Ferry	渡轮
Fleuve	河
Kayak	皮艇
Lac	湖
Marée	潮
Marin	水手
Mât	桅杆
Mer	海
Moteur	引擎
Nautique	海上的
Océan	海洋
Radeau	筏
Vagues	波浪
Voilier	帆船
Yacht	游艇

Bâtiments
建筑物

Ambassade	大使馆
Appartement	公寓
Cabine	舱
Château	城堡
Cinéma	电影
École	学校
Garage	车库
Grange	谷仓
Hôpital	医院
Hôtel	酒店
Laboratoire	实验室
Musée	博物馆
Observatoire	天文台
Stade	体育场
Supermarché	超级市场
Tente	帐篷
Théâtre	剧院
Tour	塔
Université	大学
Usine	工厂

Camping
露营

Animaux	动物
Aventure	冒险
Boussole	罗盘
Cabine	舱
Canoë	独木舟
Carte	地图
Chapeau	帽子
Chasse	狩猎
Corde	绳子
Équipement	设备
Feu	火
Forêt	森林
Hamac	吊床
Insecte	昆虫
Lac	湖
Lanterne	灯笼
Lune	月亮
Montagne	山
Nature	大自然
Tente	帐篷

Chats
猫

Chasseur	猎人
Curieux	好奇
Dormir	睡觉
Drôle	有趣
Espiègle	好玩的
Fil	纱
Fou	疯狂的
Fourrure	毛皮
Griffe	爪
Indépendant	独立
Patte	爪子
Personnalité	个性
Queue	尾巴
Sauvage	荒野
Souris	鼠
Timide	害羞

Châteaux
城堡

Armure	盔甲
Bouclier	盾
Catapulte	弹射器
Cheval	马
Chevalier	骑士
Couronne	冠
Dragon	龙
Dynastie	王朝
Empire	帝国
Épée	剑
Féodal	封建
Fossé	护城河
Licorne	独角兽
Mur	墙
Noble	高贵
Palais	宫
Prince	王子
Princesse	公主
Royaume	王国
Tour	塔

Chocolat
巧克力

Amer	苦
Antioxydant	抗氧化剂
Arôme	香气
Bonbon	糖果
Cacahuètes	花生
Cacao	可可
Calories	卡路里
Caramel	焦糖
Délicieux	美味
Doux	甜蜜的
Envie	渴望
Exotique	异国情调
Favori	最喜欢的
Goût	味道
Ingrédient	成分
Noix de Coco	椰子
Qualité	质量
Recette	食谱
Sucre	糖

Cirque
马戏团

Acrobate	杂技演员
Animaux	动物
Astuce	诡计
Ballons	气球
Billet	票
Bonbon	糖果
Clown	小丑
Costume	服装
Éléphant	大象
Jongleur	杂耍
Lion	狮子
Magicien	魔术师
Magie	魔法
Musique	音乐
Parade	游行
Singe	猴子
Spectaculaire	壮观
Spectateur	观众
Tente	帐篷
Tigre	老虎

Comédie
喜剧

Acteur	演员
Actrice	女演员
Amusement	乐趣
Applaudissement	掌声
Blagues	笑话
Clowns	小丑
Drôle	有趣
Expressif	富有表现力
Genre	类型
Humour	幽默
Improvisation	即兴创作
Intelligent	聪明
Parodie	模仿
Public	观众
Rire	笑声
Télévision	电视
Théâtre	剧院

Conduite
驾驶

Accident	事故
Camion	卡车
Carburant	燃料
Carte	地图
Danger	危险
Freins	刹车
Garage	车库
Gaz	气体
Licence	执照
Moteur	马达
Moto	摩托车
Piéton	行人
Police	警察
Route	路
Sécurité	安全
Trafic	交通
Transport	运输
Tunnel	隧道
Vitesse	速度
Voiture	汽车

Conservation
保护

Bénévole	志愿者
Changements	变化
Climat	气候
Cycle	周期
Eau	水
Environnemental	环境的
Écosystème	生态系统
Éducation	教育
Habitat	生境
Naturel	自然
Organique	有机
Pesticide	农药
Pollution	污染
Recycler	回收
Réduire	减少
Santé	健康
Vert	绿色

Corps Humain
人体

Bouche	嘴
Cerveau	脑
Cheville	踝
Cou	脖子
Coude	肘部
Cœur	心
Doigt	手指
Estomac	胃
Épaule	肩膀
Genou	膝盖
Lèvres	嘴唇
Main	手
Mâchoire	颚
Menton	下巴
Nez	鼻子
Oreille	耳朵
Peau	皮肤
Sang	血
Tête	头
Visage	脸

Couleurs
颜色

Azur	天蓝色
Beige	米色
Blanc	白色
Bleu	蓝色
Cyan	青色
Fuchsia	紫红色
Gris	灰色
Jaune	黄色
Magenta	品红
Marron	棕色
Noir	黑色
Orange	橙色
Rose	粉红色
Rouge	红色
Sépia	棕褐色
Vert	绿色
Violet	紫色

Cuisine
厨房

Baguettes	筷子
Bol	碗
Bouilloire	水壶
Couteaux	刀
Cruche	壶
Cuillères	勺子
Épices	香料
Éponge	海绵
Four	烤箱
Fourchettes	叉
Gril	烧烤
Nourriture	食物
Pot	罐
Recette	食谱
Réfrigérateur	冰箱
Serviette	餐巾
Tablier	围裙
Tasses	杯子

Danse
跳舞

Académie	学院
Art	艺术
Chorégraphie	编舞
Classique	古典
Corps	身体
Culture	文化
Expressif	富有表现力
Émotion	情感
Grâce	优雅
Joyeux	快乐
Mouvement	运动
Musique	音乐
Partenaire	伙伴
Posture	姿势
Rythme	节奏
Saut	跳
Traditionnel	传统的
Visuel	视觉的

Dinosaures
恐龙

Ailes	翅膀
Carnivore	食肉动物
Disparition	消失
Espèce	物种
Énorme	巨大
Évolution	进化
Fossiles	化石
Grand	大
Herbivore	食草动物
Mammouth	猛犸象
Omnivore	杂食动物
Préhistorique	史前
Proie	猎物
Puissant	强大
Queue	尾巴
Rapace	猛禽
Reptile	爬行动物
Taille	尺寸
Terre	地球
Vicieux	恶毒

Disciplines Scientifiques
科学学科

Anatomie	解剖学
Archéologie	考古学
Astronomie	天文学
Biochimie	生物化学
Biologie	生物学
Botanique	植物学
Chimie	化学
Écologie	生态学
Géologie	地质学
Immunologie	免疫学
Linguistique	语言学
Mécanique	力学
Météorologie	气象学
Minéralogie	矿物学
Neurologie	神经学
Physiologie	生理学
Psychologie	心理学
Sociologie	社会学
Thermodynamique	热力学
Zoologie	动物学

Eau
水

Canal	运河
Douche	淋浴
Évaporation	蒸发
Fleuve	河
Gel	霜
Geyser	间歇泉
Glace	冰
Humide	潮湿
Humidité	湿度
Inondation	洪水
Irrigation	灌溉
Lac	湖
Mousson	季风
Neige	雪
Océan	海洋
Ouragan	飓风
Pluie	雨
Vagues	波浪
Vapeur	蒸汽

Escalade
攀

Altitude	高度
Atmosphère	大气层
Bottes	靴子
Carte	地图
Casque	头盔
Curiosité	好奇心
Défis	挑战
Expert	专家
Étroit	窄
Force	力量
Gants	手套
Grotte	洞穴
Guides	指南
Randonnée	远足
Stabilité	稳定性
Terrain	地形

Exploration
探索

Activité	活动
Animaux	动物
Courage	勇气
Cultures	文化
Dangers	危害
Découverte	发现
Détermination	决心
Espace	空间
Épuisement	精疲力竭
Inconnu	未知
Langue	语言
Nouveau	新的
Périlleux	危险的
Quête	寻求
Sauvage	荒野
Terrain	地形
Voyage	旅行

Échecs
象棋

Adversaire	对手
Blanc	白色
Champion	冠军
Défis	挑战
Diagonal	对角线
Intelligent	聪明
Jeu	游戏
Joueur	播放器
Noir	黑色
Passif	被动
Points	点
Reine	女王
Règles	规则
Roi	王
Sacrifice	牺牲
Stratégie	战略
Temps	时间
Tournoi	比赛

École #1
学校 #1

Alphabet	字母
Amis	朋友
Amusement	乐趣
Bibliothèque	图书馆
Chaise	椅子
Crayon	铅笔
Des Stylos	笔
Déjeuner	午餐
Dossiers	文件夹
Enseignant	老师
Examens	考试
Livres	书籍
Marqueurs	标记
Math	数学
Nombres	数字
Papier	纸
Quiz	测验
Réponses	答案
Salle de Classe	课堂

École #2
学校 #2

Activités	活动
Apprentissage	学习
Bibliothèque	图书馆
Bus	总线
Calendrier	日历
Ciseaux	剪刀
Crayon	铅笔
Dictionnaire	字典
Enseignant	老师
Écriture	写作
Éducation	教育
Grammaire	语法
Jeux	游戏
Lecture	阅读
Littérature	文献
Livres	书籍
Math	数学
Ordinateur	电脑
Papier	纸
Science	科学

Écologie
生态学

Bénévoles	志愿者
Climat	气候
Communautés	社区
Diversité	多样性
Espèce	物种
Faune	动物群
Flore	植物
Habitat	生境
Marais	沼泽
Marin	海洋
Nature	大自然
Naturel	自然
Ressources	资源
Sécheresse	干旱
Survie	生存
Végétation	植被

Émotions
情绪

Amour	爱
Calme	平静
Colère	愤怒
Contenu	内容
Détendu	放松
Ennui	无聊
Gentillesse	善良
Joie	喜悦
Paix	和平
Peur	恐惧
Reconnaissant	感激的
Satisfait	满意
Surprise	惊喜
Sympathie	同情
Tendresse	温柔
Tranquillité	宁静
Tristesse	悲伤

Épices
香料

Aigre	酸的
Ail	大蒜
Amer	苦
Cannelle	肉桂
Cardamome	豆蔻
Coriandre	香菜
Cumin	孜然
Curry	咖喱
Fenouil	茴香
Fenugrec	胡芦巴
Gingembre	姜
Muscade	肉豆蔻
Oignon	洋葱
Paprika	辣椒粉
Poivre	胡椒
Réglisse	甘草
Safran	藏红花
Saveur	味道
Sel	盐
Vanille	香草

Été
夏天

Amis	朋友
Camping	露营
Étoiles	星星
Famille	家庭
Jardin	花园
Jeux	游戏
Joie	喜悦
Livres	书籍
Loisir	暇
Mer	海
Musique	音乐
Nourriture	食物
Plage	海滩
Plongée	潜水
Relaxation	放松
Sandales	凉鞋
Vacances	假期
Voyage	旅行

Famille
家庭

Ancêtre	祖先
Cousin	表哥
Enfance	童年
Enfant	孩子
Femme	妻子
Fille	女儿
Frère	兄弟
Grand-Mère	祖母
Grand-Père	祖父
Mari	丈夫
Maternel	产妇
Mère	母亲
Neveu	侄子
Nièce	侄女
Oncle	叔叔
Paternel	父亲的
Petit-Fils	孙子
Père	父亲
Soeur	姐姐
Tante	阿姨

Ferme #1
农场 #1

Abeille	蜜蜂
Agriculture	农业
Âne	驴
Bison	野牛
Champ	领域
Chat	猫
Cheval	马
Chèvre	山羊
Chien	狗
Clôture	栅栏
Corbeau	乌鸦
Eau	水
Engrais	肥料
Foin	干草
Miel	蜂蜜
Poulet	鸡
Riz	米
Troupeau	羊群
Vache	牛
Veau	小腿

Ferme #2
农场 #2

Agneau	羊肉
Agriculteur	农民
Animaux	动物
Berger	牧羊人
Blé	小麦
Canard	鸭
Fruit	水果
Grange	谷仓
Irrigation	灌溉
Lait	牛奶
Lama	美洲驼
Légume	蔬菜
Maïs	玉米
Mouton	羊
Nourriture	食物
Oies	鹅
Orge	大麦
Pré	草甸
Tracteur	拖拉机
Verger	果园

Fleurs
鲜花

Bouquet	花束
Gardénia	栀子花
Hibiscus	芙蓉
Jasmin	茉莉花
Jonquille	水仙花
Lavande	薰衣草
Lys	百合
Magnolia	玉兰
Marguerite	雏菊
Orchidée	兰花
Passiflore	西番莲
Pavot	罂粟
Pétale	花瓣
Pissenlit	蒲公英
Pivoine	牡丹
Rose	玫瑰
Tournesol	向日葵
Trèfle	三叶草
Tulipe	郁金香

Forêt Tropicale
雨林

Amphibiens	两栖动物
Botanique	植物
Climat	气候
Communauté	社区
Diversité	多样性
Espèce	物种
Insectes	昆虫
Jungle	丛林
Mammifères	哺乳动物
Mousse	苔藓
Nature	大自然
Nuage	云
Oiseaux	鸟类
Précieux	有价值的
Préservation	保存
Refuge	避难所
Respect	尊重
Restauration	恢复
Survie	生存

Formes
形状

Arc	弧
Bords	边缘
Carré	广场
Cercle	圈
Coin	角落
Courbe	曲线
Cône	锥体
Côté	边
Cube	立方体
Cylindre	圆筒
Ellipse	椭圆
Hyperbole	双曲线
Ligne	线
Ovale	椭圆形
Polygone	多边形
Prisme	棱镜
Pyramide	金字塔
Rectangle	矩形
Triangle	三角形

Fournitures d'Art
美术用品

Acrylique	丙烯酸纤维
Aquarelles	水彩
Argile	黏土
Brosses	刷子
Caméra	照相机
Chaise	椅子
Charbon	木炭
Chevalet	画架
Colle	胶水
Couleurs	颜色
Crayons	铅笔
Créativité	创造力
Eau	水
Encre	墨水
Gomme	橡皮
Huile	油
Idées	想法
Papier	纸
Pastels	粉彩
Table	桌子

Fruit
水果

Abricot	杏
Ananas	菠萝
Avocat	鳄梨
Baie	浆果
Banane	香蕉
Cerise	樱桃
Citron	柠檬
Figue	无花果
Framboise	覆盆子
Goyave	番石榴
Kiwi	猕猴桃
Mangue	芒果
Melon	瓜
Nectarine	油桃
Orange	橙色
Papaye	木瓜
Pêche	桃
Poire	梨
Pomme	苹果
Raisin	葡萄

Géographie
地理

Altitude	高度
Atlas	地图集
Carte	地图
Continent	大陆
Fleuve	河
Hémisphère	半球
Île	岛
Latitude	纬度
Mer	海
Méridien	子午线
Monde	世界
Montagne	山
Nord	北
Océan	海洋
Ouest	西
Pays	国家
Région	地区
Sud	南
Territoire	领土
Ville	城市

Géologie
地质学

Acide	酸
Calcium	钙
Caverne	洞穴
Continent	大陆
Corail	珊瑚
Couche	层
Cristaux	水晶
Érosion	侵蚀
Fossile	化石
Geyser	间歇泉
Lave	熔岩
Minéraux	矿物
Pierre	石头
Plateau	高原
Quartz	石英
Sel	盐
Stalactite	钟乳石
Stalagmites	石笋
Volcan	火山
Zone	区

Herboristerie
草药学

Ail	大蒜
Aromatique	芳香
Basilic	罗勒
Bénéfique	有益的
Culinaire	烹饪
Estragon	龙蒿
Fenouil	茴香
Fleur	花
Ingrédient	成分
Jardin	花园
Lavande	薰衣草
Marjolaine	马郁兰
Menthe	薄荷
Persil	香菜
Qualité	质量
Romarin	迷迭香
Safran	藏红花
Saveur	味道
Thym	百里香
Vert	绿色

Insectes
昆虫

Abeille	蜜蜂
Cafard	蟑螂
Cigale	蝉
Coccinelle	瓢虫
Fourmi	蚂蚁
Frelon	大黄蜂
Guêpe	黄蜂
Larve	幼虫
Libellule	蜻蜓
Mante	螳螂
Moustique	蚊子
Papillon	蝴蝶
Puce	跳蚤
Puceron	蚜
Sauterelle	蚱蜢
Scarabée	甲虫
Termite	白蚁
Ver	蠕虫

Instruments de Musique
乐器

Banjo	班卓琴
Basson	巴松管
Clarinette	单簧管
Flûte	长笛
Gong	锣
Guitare	吉他
Harmonica	口琴
Harpe	竖琴
Hautbois	双簧管
Mandoline	曼陀林
Marimba	马林巴
Percussion	打击乐器
Piano	钢琴
Saxophone	萨克斯管
Tambour	鼓
Tambourin	铃鼓
Trombone	长号
Trompette	喇叭
Violon	小提琴
Violoncelle	大提琴

Jardin
花园

Arbre	树
Buisson	灌木
Clôture	栅栏
Étang	池塘
Fleur	花
Garage	车库
Hamac	吊床
Herbe	草
Jardin	花园
Mauvaises Herbes	杂草
Pelle	铲
Pelouse	草坪
Porche	门廊
Râteau	耙
Roches	岩石
Sol	土壤
Terrasse	平台
Trampoline	蹦床
Tuyau	软管
Verger	果园

Jouets
玩具

Argile	黏土
Artisanat	工艺品
Avion	飞机
Balle	球
Bateau	船
Camion	卡车
Cerf-Volant	风筝
Crayons	蜡笔
Échecs	棋
Favori	最喜欢的
Imagination	想象力
Jeux	游戏
Livres	书籍
Peinture	油漆
Poupée	娃娃
Robot	机器人
Tambours	鼓
Train	火车
Vélo	自行车
Voiture	汽车

Jours et Mois
天和月

Août	八月
Avril	四月
Calendrier	日历
Dimanche	星期日
Février	二月
Janvier	一月
Jeudi	星期四
Juillet	七月
Juin	六月
Lundi	星期一
Mardi	星期二
Mars	三月
Mercredi	星期三
Mois	月
Novembre	十一月
Octobre	十月
Samedi	星期六
Semaine	周
Septembre	九月
Vendredi	星期五

Les Abeilles
蜜蜂

Ailes	翅膀
Bénéfique	有益的
Cire	蜡
Diversité	多样性
Essaim	群
Écosystème	生态系统
Fleur	开花
Fleurs	花
Fruit	水果
Fumée	烟
Habitat	生境
Insecte	昆虫
Jardin	花园
Miel	蜂蜜
Nourriture	食物
Plantes	植物
Pollen	花粉
Reine	女王
Ruche	蜂巢
Soleil	太阳

Légumes
蔬菜

Ail	大蒜
Artichaut	朝鲜蓟
Aubergine	茄子
Brocoli	西兰花
Carotte	胡萝卜
Céleri	芹菜
Champignon	蘑菇
Citrouille	南瓜
Concombre	黄瓜
Échalote	葱
Épinard	菠菜
Gingembre	姜
Navet	芜菁
Oignon	洋葱
Olive	橄榄
Persil	香菜
Pois	豌豆
Radis	萝卜
Salade	沙拉
Tomate	番茄

Littérature
文学

Analogie	类比
Analyse	分析
Anecdote	轶事
Auteur	作者
Biographie	传记
Comparaison	比较
Conclusion	结论
Description	描述
Dialogue	对话
Fiction	小说
Métaphore	隐喻
Narrateur	旁白
Opinion	意见
Poème	诗
Poétique	诗意
Rime	韵
Rythme	节奏
Style	风格
Thème	主题
Tragédie	悲剧

Livres
书籍

Auteur	作者
Aventure	冒险
Collection	收藏
Contexte	上下文
Dualité	二元性
Épique	史诗
Histoire	故事
Historique	历史的
Humoristique	幽默
Inventif	发明
Lecteur	读者
Littéraire	文学
Narrateur	旁白
Page	页
Pertinent	相关的
Poème	诗
Poésie	诗歌
Roman	小说
Série	系列
Tragique	悲剧

Maison
房子

Balai	扫帚
Bibliothèque	图书馆
Chambre	房间
Cheminée	壁炉
Clés	钥匙
Clôture	栅栏
Cuisine	厨房
Douche	淋浴
Fenêtre	窗户
Garage	车库
Grenier	阁楼
Jardin	花园
Lampe	灯
Miroir	镜子
Mur	墙
Plafond	天花板
Porte	门
Rideaux	窗帘
Tapis	地毯
Toit	屋顶

Mammifères
哺乳动物

Baleine	鲸
Chat	猫
Cheval	马
Chien	狗
Coyote	郊狼
Dauphin	海豚
Éléphant	大象
Girafe	长颈鹿
Gorille	大猩猩
Kangourou	袋鼠
Lapin	兔子
Lion	狮子
Loup	狼
Mouton	羊
Ours	熊
Renard	狐狸
Singe	猴子
Taureau	公牛
Tigre	老虎
Zèbre	斑马

Mathématiques
数学

Angles	角度
Arithmétique	算术
Carré	广场
Circonférence	周长
Décimal	十进制
Diamètre	直径
Exposant	指数
Équation	方程
Fraction	分数
Géométrie	几何学
Parallèle	平行
Parallélogramme	平行四边形
Perpendiculaire	垂直
Polygone	多边形
Rayon	半径
Rectangle	矩形
Somme	和
Symétrie	对称
Triangle	三角形
Volume	卷

Mesures
测量

Centimètre	厘米
Décimal	十进制
Gramme	克
Hauteur	高度
Kilogramme	公斤
Kilomètre	公里
Largeur	宽度
Litre	升
Longueur	长度
Masse	质量
Mètre	米
Minute	分钟
Octet	字节
Once	盎司
Pinte	品脱
Poids	重量
Pouce	英寸
Profondeur	深度
Tonne	吨
Volume	卷

Meubles
家具

Armoire	衣橱
Bibliothèque	书柜
Canapé	长椅
Chaise	椅子
Commode	梳妆台
Coussins	靠垫
Étagères	货架
Fauteuil	扶手椅
Hamac	吊床
Lampe	灯
Lit	床
Matelas	床垫
Miroir	镜子
Oreiller	枕头
Rideaux	窗帘
Tapis	地毯

Méditation
冥想

Acceptation	接受
Bonheur	幸福
Calme	平静
Clarté	明晰
Compassion	同情
Émotions	情绪
Éveillé	醒
Gentillesse	善良
Gratitude	感激
Habitudes	习惯
Mental	心理
Mouvement	运动
Musique	音乐
Nature	大自然
Observation	观察
Paix	和平
Perspective	透视
Posture	姿势
Respiration	呼吸
Silence	沉默

Météo
天气

Arc-En-Ciel	彩虹
Atmosphère	大气
Brise	微风
Brouillard	雾
Ciel	天空
Climat	气候
Glace	冰
Inondation	洪水
Mousson	季风
Nuage	云
Ouragan	飓风
Polaire	极地
Sec	干燥
Sécheresse	干旱
Température	温度
Tempête	风暴
Tonnerre	雷声
Tornade	龙卷风
Tropical	热带
Vent	风

Mythologie
神话

Archétype	原型
Catastrophe	灾难
Comportement	行为
Création	创造
Créature	生物
Croyances	信仰
Culture	文化
Éclair	闪电
Force	力量
Guerrier	战士
Héros	英雄
Immortalité	不朽
Jalousie	嫉妒
Labyrinthe	迷宫
Légende	传说
Magique	神奇
Monstre	怪物
Mortel	凡人
Tonnerre	雷
Vengeance	复仇

Nature
大自然

Abeilles	蜜蜂
Abri	庇护所
Animaux	动物
Arctique	北极
Beauté	美
Brouillard	雾
Désert	沙漠
Dynamique	动态
Érosion	侵蚀
Feuillage	树叶
Fleuve	河
Forêt	森林
Glacier	冰川
Nuage	云
Paisible	和平
Sanctuaire	避难所
Sauvage	荒野
Serein	宁静
Tropical	热带
Vital	重要的

Nombres
数字

Cinq	五
Deux	二
Décimal	十进制
Dix	十
Dix-Huit	十八
Dix-Neuf	十九
Dix-Sept	十七
Douze	十二
Huit	八
Neuf	九
Quatorze	十四
Quatre	四
Quinze	十五
Seize	十六
Sept	七
Six	六
Treize	十三
Trois	三
Vingt	二十
Zéro	零

Nourriture #1
食物 #1

Ail	大蒜
Basilic	罗勒
Café	咖啡
Cannelle	肉桂
Carotte	胡萝卜
Citron	柠檬
Épinard	菠菜
Fraise	草莓
Jus	果汁
Lait	牛奶
Navet	芜菁
Oignon	洋葱
Orge	大麦
Poire	梨
Salade	沙拉
Sel	盐
Soupe	汤
Sucre	糖
Thon	金枪鱼
Viande	肉

Nourriture #2
食物 #2

Amande	杏仁
Aubergine	茄子
Banane	香蕉
Blé	小麦
Brocoli	西兰花
Cerise	樱桃
Céleri	芹菜
Champignon	蘑菇
Chocolat	巧克力
Jambon	火腿
Kiwi	猕猴桃
Mangue	芒果
Oeuf	蛋
Pain	面包
Poisson	鱼
Pomme	苹果
Poulet	鸡
Raisin	葡萄
Riz	米
Tomate	番茄

Nutrition
营养

Amer	苦
Appétit	食欲
Calories	卡路里
Comestible	食用
Diète	饮食
Digestion	消化
Épices	香料
Équilibré	平衡的
Fermentation	发酵
Glucides	碳水化合物
Liquides	液体
Nutritif	养分
Poids	重量
Protéines	蛋白质
Qualité	质量
Santé	健康
Sauce	酱
Saveur	味道
Toxine	毒素
Vitamine	维生素

Océan
海洋

Algue	海藻
Anguille	鳗鱼
Baleine	鲸
Bateau	船
Corail	珊瑚
Crabe	螃蟹
Crevette	虾
Dauphin	海豚
Éponge	海绵
Huître	牡蛎
Méduse	海蜇
Poisson	鱼
Poulpe	章鱼
Requin	鲨鱼
Récif	礁
Sel	盐
Tempête	风暴
Thon	金枪鱼
Tortue	乌龟
Vagues	波浪

Oiseaux
鸟类

Aigle	鹰
Autruche	鸵鸟
Canard	鸭
Cigogne	鹳
Colombe	鸽子
Corbeau	乌鸦
Coucou	杜鹃
Cygne	天鹅
Flamant	火烈鸟
Héron	苍鹭
Manchot	企鹅
Moineau	麻雀
Mouette	鸥
Oeuf	蛋
Oie	鹅
Paon	孔雀
Perroquet	鹦鹉
Pélican	鹈鹕
Poulet	鸡
Toucan	巨嘴鸟

Outils
工具

Agrafeuse	订书机
Câble	电缆
Ciseaux	剪刀
Colle	胶水
Corde	绳子
Couteau	刀
Échelle	梯子
Hache	轴
Maillet	槌
Marteau	锤子
Pelle	铲
Pinces	钳子
Rasoir	剃刀
Règle	统治者
Roue	车轮
Torche	火炬
Vis	螺丝

Pays #2
国家 #2

Albanie	阿尔巴尼亚
Chine	中国
Danemark	丹麦
France	法国
Haïti	海地
Indonésie	印度尼西亚
Irlande	爱尔兰
Jamaïque	牙买加
Japon	日本
Kenya	肯尼亚
Laos	老挝
Liban	黎巴嫩
Mexique	墨西哥
Ouganda	乌干达
Pakistan	巴基斯坦
Russie	俄罗斯
Somalie	索马里
Soudan	苏丹
Syrie	叙利亚
Ukraine	乌克兰

Paysages
景观

Cascade	瀑布
Désert	沙漠
Estuaire	河口
Fleuve	河
Geyser	间歇泉
Glacier	冰川
Grotte	洞穴
Iceberg	冰山
Île	岛
Lac	湖
Marais	沼泽
Mer	海
Montagne	山
Oasis	绿洲
Océan	海洋
Péninsule	半岛
Plage	海滩
Toundra	苔原
Vallée	山谷
Volcan	火山

Pêche
钓鱼

Appât	诱饵
Bateau	船
Branchies	鳃
Crochet	钩
Eau	水
Exagération	夸张
Équipement	设备
Fleuve	河
Lac	湖
Mâchoire	颚
Océan	海洋
Panier	篮子
Patience	耐心
Plage	海滩
Poids	重量
Saison	季节

Pirates
海盗

Ancre	锚
Aventure	冒险
Capitaine	队长
Carte	地图
Cicatrice	疤痕
Danger	危险
Drapeau	旗
Épée	剑
Équipage	船员
Grotte	洞穴
Île	岛
Légende	传说
Mauvais	坏
Océan	海洋
Or	黄金
Perroquet	鹦鹉
Pièces	硬币
Plage	海滩
Rhum	朗姆酒
Trésor	宝藏

Plage
海滩

Bateau	船
Bleu	蓝色
Côte	海岸
Crabe	螃蟹
Dock	码头
Île	岛
Lagune	泻湖
Mer	海
Océan	海洋
Parapluie	伞
Récif	礁
Sable	沙
Sandales	凉鞋
Serviette	毛巾
Soleil	太阳
Vacances	假期
Voilier	帆船

Plantes
植物

Arbre	树
Baie	浆果
Bambou	竹子
Botanique	植物学
Buisson	灌木
Cactus	仙人掌
Engrais	肥料
Feuillage	树叶
Fleur	花
Flore	植物
Forêt	森林
Haricot	豆
Herbe	草
Jardin	花园
Lierre	常春藤
Mousse	苔藓
Pétale	花瓣
Racine	根
Tige	茎
Végétation	植被

Professions #1
职业 #1

Ambassadeur	大使
Astronome	天文学家
Avocat	律师
Banquier	银行家
Bijoutier	珠宝商
Cartographe	制图师
Chasseur	猎人
Danseur	舞蹈家
Entraîneur	教练
Éditeur	编辑
Géologue	地质学家
Infirmière	护士
Médecin	医生
Musicien	音乐家
Pianiste	钢琴家
Plombier	水管工
Pompier	消防队员
Psychologue	心理学家
Scientifique	科学家
Vétérinaire	兽医

Professions #2
职业 #2

Astronaute	宇航员
Bibliothécaire	图书管理员
Biologiste	生物学家
Chercheur	研究员
Chirurgien	外科医生
Dentiste	牙医
Détective	侦探
Enseignant	老师
Illustrateur	插画家
Ingénieur	工程师
Inventeur	发明者
Jardinier	园丁
Journaliste	记者
Linguiste	语言学家
Médecin	医生
Peintre	画家
Philosophe	哲学家
Photographe	摄影师
Pilote	飞行员
Zoologiste	动物学家

Randonnée
徒步

Animaux	动物
Bottes	靴子
Camping	露营
Carte	地图
Climat	气候
Eau	水
Falaise	悬崖
Fatigué	累
Guides	指南
Lourd	重
Météo	天气
Montagne	山
Nature	大自然
Orientation	方向
Parcs	公园
Pierres	石头
Préparation	准备
Sauvage	荒野
Soleil	太阳
Sommet	峰会

Remplir
要填写

Baignoire	浴缸
Baril	桶
Bassin	盆地
Boîte	盒子
Bouteille	瓶子
Carton	纸箱
Dossier	文件夹
Enveloppe	信封
Panier	篮子
Plateau	托盘
Poche	口袋
Pot	罐
Sac	包
Tiroir	抽屉
Tube	管
Valise	手提箱
Vase	花瓶

Restaurant #1
餐厅 #1

Allergie	过敏
Assiette	盘子
Bol	碗
Café	咖啡
Caissier	出纳员
Couteau	刀
Cuisine	厨房
Dessert	甜点
Épicé	辣
Menu	菜单
Nourriture	食物
Pain	面包
Poulet	鸡
Réservation	保留
Sauce	酱
Serveuse	女服务员
Serviette	餐巾
Viande	肉

Restaurant #2
餐厅 #2

Boisson	饮料
Chaise	椅子
Cuillère	勺子
Déjeuner	午餐
Délicieux	美味
Dîner	晚餐
Eau	水
Épices	香料
Fourchette	叉子
Fruit	水果
Gâteau	蛋糕
Glace	冰
Légumes	蔬菜
Nouilles	面条
Oeuf	蛋
Poisson	鱼
Salade	沙拉
Sel	盐
Serveur	服务员
Soupe	汤

Salle de Bains
浴室

Bain	浴
Bulles	泡沫
Ciseaux	剪刀
Douche	淋浴
Eau	水
Éponge	海绵
Lotion	洗剂
Miroir	镜子
Parfum	香水
Robinet	龙头
Savon	肥皂
Serviette	毛巾
Shampooing	洗发水
Tapis	地毯
Toilette	厕所
Vapeur	蒸汽

Science
科学

Atome	原子
Chimique	化学的
Climat	气候
Données	数据
Expérience	实验
Évolution	进化
Fait	事实
Fossile	化石
Gravité	重力
Hypothèse	假设
Laboratoire	实验室
Méthode	方法
Minéraux	矿物
Molécules	分子
Nature	大自然
Observation	观察
Organisme	生物
Particules	粒子
Physique	物理
Scientifique	科学家

Science-Fiction
科幻小说

Atomique	原子
Cinéma	电影
Clones	克隆
Dystopie	反乌托邦
Explosion	爆炸
Extrême	极端
Feu	火
Futuriste	未来派
Galaxie	星系
Illusion	错觉
Imaginaire	虚构的
Livres	书籍
Monde	世界
Mystérieux	神秘
Oracle	甲骨文
Planète	行星
Robots	机器人
Scénario	场景
Technologie	技术
Utopie	乌托邦

Sports
体育

Arbitre	裁判
Athlète	运动员
Base-Ball	棒球
Basket-Ball	篮球
Championnat	冠军
Entraîneur	教练
Équipe	团队
Gagnant	优胜者
Golf	高尔夫球
Gymnase	体育馆
Gymnastique	体操
Hockey	曲棍球
Jeu	游戏
Joueur	播放器
Mouvement	运动
Stade	体育场
Tennis	网球
Vélo	自行车

Surf
冲浪

Amusement	乐趣
Athlète	运动员
Champion	冠军
Débutant	初学者
Estomac	胃
Extrême	极端
Force	力量
Foules	人群
Météo	天气
Mousse	泡沫
Océan	海洋
Pagaie	桨
Plage	海滩
Populaire	流行的
Récif	礁
Style	风格
Vague	波
Vitesse	速度

Technologie
技术

Blog	博客
Caméra	照相机
Curseur	光标
Données	数据
Écran	屏幕
Fichier	文件
Internet	互联网
Logiciel	软件
Message	信息
Navigateur	浏览器
Numérique	数字
Octets	字节
Ordinateur	电脑
Police	字体
Recherche	研究
Sécurité	安全
Statistiques	统计数据
Virtuel	虚拟
Virus	病毒

Temps
時間

Année	年
Annuel	每年
Après	后
Avant	以前
Bientôt	很快
Calendrier	日历
Décennie	十年
Futur	未来
Heure	小时
Hier	昨天
Horloge	时钟
Jour	日
Maintenant	现在
Matin	早晨
Midi	中午
Minute	分钟
Mois	月
Nuit	晚上
Semaine	周
Siècle	世纪

Types de Cheveux
头发类型

Argent	银
Blanc	白色
Blond	金发
Boucles	卷发
Brillant	闪亮的
Chauve	秃
Court	短
Doux	柔软的
Épais	厚
Frisé	卷曲
Gris	灰色
Lisse	光滑
Long	长
Marron	棕色
Mince	薄
Noir	黑色
Sain	健康
Sec	干
Tresses	辫子
Tressé	编织

Vacances #2
假期 #2

Aéroport	机场
Camping	露营
Carte	地图
Destination	目的地
Étranger	外国人
Hôtel	酒店
Île	岛
Loisir	暇
Mer	海
Passeport	护照
Photos	照片
Plage	海滩
Restaurant	餐厅
Taxi	出租车
Tente	帐篷
Train	火车
Transport	运输
Vacances	假期
Visa	签证
Voyage	旅程

Véhicules
车辆

Ambulance	救护车
Avion	飞机
Bateau	船
Bus	总线
Camion	卡车
Caravane	大篷车
Ferry	渡轮
Fusée	火箭
Hélicoptère	直升机
Métro	地铁
Moteur	马达
Pneus	轮胎
Radeau	筏
Scooter	滑板车
Sous-Marin	潜艇
Taxi	出租车
Tracteur	拖拉机
Train	火车
Vélo	自行车
Voiture	汽车

Vêtements
衣服

Bijoux	珠宝
Bracelet	手镯
Ceinture	带
Chapeau	帽子
Chaussure	鞋
Chemise	衬衫
Collier	项链
Foulard	围巾
Gants	手套
Jeans	牛仔裤
Jupe	短裙
Manteau	外套
Mode	时尚
Pantalon	裤子
Pull	毛衣
Pyjama	睡衣
Robe	连衣裙
Sandales	凉鞋
Tablier	围裙
Veste	夹克

Ville
小镇

Aéroport	机场
Banque	银行
Bibliothèque	图书馆
Boulangerie	面包店
Cinéma	电影
Clinique	诊所
École	学校
Fleuriste	花店
Galerie	画廊
Hôtel	酒店
Librairie	书店
Marché	市场
Musée	博物馆
Pharmacie	药店
Restaurant	餐厅
Stade	体育场
Supermarché	超级市场
Théâtre	剧院
Université	大学
Zoo	动物园

Félicitations

Vous avez réussi !

Nous espérons que vous avez apprécié ce livre autant que nous avons pris plaisir à le concevoir. Nous faisons de notre mieux pour créer des livres de la meilleure qualité possible.
Cette édition est conçue pour permettre un apprentissage intelligent et de qualité en se divertissant !

Vous avez aimé ce livre ?

Une Simple Demande

Nos livres existent grâce aux avis que vous publiez. Pourriez-vous nous aider en laissant un avis maintenant ?

Voici un lien rapide qui vous mènera à votre page d'évaluation de vos commandes :

BestBooksActivity.com/Avis50

CHALLENGE FINAL !

Défi n°1

Êtes-vous prêt pour votre jeu bonus ? Nous les utilisons tout le temps mais ils ne sont pas si faciles à trouver. Voici les **Synonymes** !

Notez 5 mots que vous avez trouvés dans les puzzles notés ci-dessous (n°21, n°36, n°76) et essayez de trouver 2 synonymes pour chaque mot.

Notez 5 Mots du *Puzzle 21*

Mots	Synonyme 1	Synonyme 2

Notez 5 Mots du *Puzzle 36*

Mots	Synonyme 1	Synonyme 2

Notez 5 Mots du *Puzzle 76*

Mots	Synonyme 1	Synonyme 2

Défi n°2

Maintenant que vous vous êtes échauffé, notez 5 mots que vous avez découverts dans les Puzzles n° 9, n° 17, n° 25 et essayez de trouver 2 antonymes pour chaque mot. Combien pouvez-vous en trouver en 20 minutes ?

Notez 5 Mots du **Puzzle 9**

Mots	Antonyme 1	Antonyme 2

Notez 5 Mots du **Puzzle 17**

Mots	Antonyme 1	Antonyme 2

Notez 5 Mots du **Puzzle 25**

Mots	Antonyme 1	Antonyme 2

Défi n°3

Formidable ! Ce défi final n'est rien pour vous.

Prêt pour le dernier défi ? Choisissez 10 mots que vous avez découverts parmi les différents puzzles et notez-les ci-dessous.

1.	6.
2.	7.
3.	8.
4.	9.
5.	10.

Maintenant, composez un texte en pensant à une personne, un animal ou un lieu que vous aimez !

Astuce: Vous pouvez utiliser la dernière page de ce livre comme brouillon !

Votre Composition :

CARNET DE NOTES :

À TRÈS BIENTÔT !

Toute l'équipe

DECOUVREZ DES JEUX GRATUITS

GO

↓

BESTACTIVITYBOOKS.COM/FREEGAMES